彼に、思っていることを言えないでどうするの？

“素のまま”で
100％最高の関係
になるルール

嶋かおり
Kaori Shima

大和出版

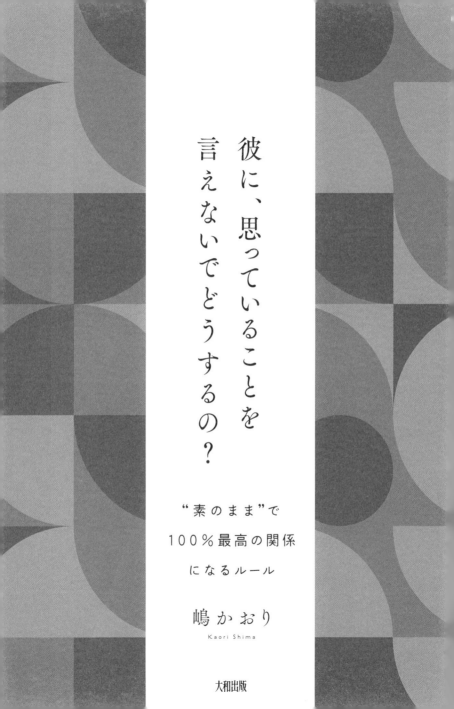

ずっと幸せが続く二人になるために――はじめに

「本音を言ったら嫌われるんじゃないかと思って、素の自分を出せないんです」

「彼が何を考えているのか知りたいのですが、なかなか聞けなくて……」

「女性は聞き役に回ったほうがいいと聞いているので、言いたいことが言えません」

こんなふうに、相手と「本音のキャッチボール」ができなくて、悩んでいませんか？

本音を言えないと、脳内で会話してばかりで、モヤモヤしてしまう。悪いほうに考えて、挙句の果てに彼を疑って、粗探しばかりしてしまいますよね。

かと言って、本音トークをしようとすると、言いすぎて関係をこじらせる……。

そんなあなたでも、大丈夫。この本を読めば、大好きな彼と言いたいことを言い合える、最高の関係を築いていけるんです!!

はじめまして。恋婚活《こいこんかつ》コンサルタントの嶋かおりです。

ホステス歴18年で3万人の男性に接客し、「本音で話す会話」を学んできました。

現在は、夜の世界で知った男女のリアルを伝えながら、コンサルタントとして、「楽しく恋愛して、愛する人とずっと幸せでいられる方法」を教えています。

起業して10ヶ月のときに、結婚相談所800社の中で業績1位になり、今では成婚率80％という数字をたたき出すことができたのも、そんな私の経験があったからかもしれません。クライアントさんからは、

「もともと私は〝かまってちゃん〟で、彼ともギクシャク……。嶋さんのアドバイスを実行してからは、彼が本音を話してくれるようになって、今ではラブラブです！」

「10年以上彼氏がいなくて自分に自信がなかった私。でも、嶋さんの考え方を取り入れて、自分のことを大好きになれました。今、私には最高の彼氏がいます！」

「嶋さんのカウンセリングを受けてからは、私が彼に合わせてばかりいた関係が変わりました。彼から、『一緒に住もう』『結婚しよう』と言ってくれています」

このような「喜びの声」をいただいています。

さきほど、ホステス歴18年と書きましたが、ホステスの世界って、男性を喜ばせる接客なので、本音なんて言っていないように思うかもしれませんね。

でも実は、本音を言わないと、長続きしません。

若いときは、「さすが！」「すごいですね～」なんて、調子のいいことばかり言って、相手に合わせて笑顔を作って褒めていれば、正直どうにかなりました。

でも、そんなことを繰り返していたら、信頼関係は築けないのです。

「ちょっと意見が違うな」と思ったときは、「そっか、そういう考え方もあるんですね。でも、私は○○だと思うんですよね～」なんて、本音の会話をして突っ込んでいくと、相手の人となりが見えてくる。文句ばかり言っていた人も、本当は優しい人なんだと、いい一面に気づくこともあります。

自分を偽って接客するのは苦痛だし、お客さんも楽しくありません。

恋愛でも、以前の私のように、「下手な接客」をしてしまっている人がたくさんいます。女性って賢いので、男性に合わせて、ウンウンとリアクションして褒めるのは、とても上手。初対面では、それでいいかもしれません。

でも、本音を言わないで、薄っぺらい会話ばかりして、仲が深まると思いますか？

そもそも、そんな会話をしていて、あなたは楽しめていますか？

自分を出さず、上辺の会話ばかりしていたら、彼も自分も楽しくありません。

世の中には、たくさんの恋愛ノウハウがあって、「選ぶ前に、まずは選ばれるようになりましょう」と、男性に広く好かれる「モテ力」を教えているものが多いですよね。

確かに「選ばれる力」は、ある程度は必要です。でも、男性の好みは人それぞれなので、そのノウハウで、自分の好きな人が振り向いてくれるとは限りません。それに、多くの人にモテても、自分が相手にときめかない場合は、付き合うに至らない。

自分を取り繕って相手に気に入られる「ノウハウ」ばかりを繰り返していたら、「自分がない」状態になります。

「本音を言わないほうがモテる」と思い込んで、さらに取り繕う。

でも、取り繕った自分を「好き」と言われても、自分の心に響かない……。

人が人を好きになるときって、「あ……、なんか、この人には本音が言える。受け

入れてくれている」と思う瞬間だったりしませんか？

本当は誰だって、いいことも悪いこともシェアできるような関係になりたいはず。

実は、本音が言えないという人には、次の3つの原因があります。

- **上手に伝える「言い方」がわからない（ノウハウの部分）**
- **自分に自信がなく、セルフイメージが低いので自分が出せない（マインドの部分）**
- **相手との関係の作り方がわからない（パートナーシップの部分）**

本書では、この3つにアプローチしながら、自分に自信を持って、彼に伝わるように伝えて、何でも言い合えるポイントを、会話例とともに紹介していきます。

難しいと思いますか？　でも、「本音を言う」って、至ってシンプルなこと。

実践すれば、〝素のまま〟で、彼と100％最高の関係になれるんです！

それでは、早速、本文でお会いしましょう。

恋婚活コンサルタント　嶋　かおり

Chapter 1

彼に、本音を言えていますか？

――ドン引きされずに、「素の自分」を小出しにする

Chapter 2

本音を言うのは、マイナスなんかじゃない！

——こうすれば、心の距離がぐっと近づく

Chapter 3

そもそも、本音ってどんなふうに言えばいいの？

——押し付けがましくなく、言いたいことを言う方法

Chapter 4

本音をちゃんと伝えるには、コツがある

——言えないのは、自分に自信がないから

Chapter
5

本音を出し合うほうが、二人は長続きする
——良いことも悪いことも、すべてシェアできる関係になる

本文デザイン／今住真由美
本文DTP／システムタンク（白石知美）

Chapter 1

彼に、本音を言えていますか？

――ドン引きされずに、「素の自分」を小出しにする

01

本音を言わない人は受け身になりやすい!?

今から、そっちの家に行っていい？
20:15

ん～、今から予定が入っちゃってて
厳しいんだ。来週はどう？
20:20

そうなんだ、わかった！　連絡するね！
20:23

その後、連絡なし。数日経過。

明日は会えないかな？
17:50

ごめん～。明日も、予定あるの～。
次は、いつ会えそうかな？
17:58

この返事もなくて、数日経過……。

「彼に『会いたい』って、自分からはなかなか言えないんです。いつも日程を調整するのは彼からだし……。これって、どうすればいいですか？」

このような相談をする女性は、けっこういます。

そんな女性に、

「『会いたい』って言っていいんだよ。自分から日程も提案していいよ～」

とアドバイスすると、

「え～～!? 女性から『会いたい』って言っていいんですか？ 重いと思われないですか？」

とよく言われます。

全然、重くないですよ!!

だって、**重くなるほど言ってないんだもん。**

女性のほうから「会いたい」「連絡がほしい」「結婚したい」と言うと男性に「重い」と思われる、ってよく恋愛本に書いてありますね。

確かに、そういうことはあります。**言いすぎる女性は、面倒くさい!!**

でも、それは「言いすぎた」場合であって、「全然言わないでいる」と、自分の気持ちが伝わりません。

言いすぎた場合というのは、「会いたいよ〜」や「好きだよ〜」を連発して「なんで会えないの？」「なんで連絡くれないの？」と、相手を責める場合です。

相手に何かを「要求」するだけで、もしくは、「要求する気持ち」や「相手をコントロールしようとする気持ち」があるだけで、彼は「重く」感じてしまいます。

だから、**言いすぎず、軽やかに、適度に、自分の気持ちを伝えるくらいは、全然アリだと思ってください!!**

本音を言わないと、どうなると思いますか？

男性に、すべて任せることになりますよね。

つまり、男性のペースに合わせるしかないんですよね。

お誘いも相手から、会う日程も相手から、連絡も相手から、結婚のタイミングも相手から。つまり「受け身」になりがち。

でも、これって、自分のことしか考えない男性にとっては好都合なんです。

つまり、「都合のいい女」だから。

だって、女性から意見を言ってこないから、騙すことができるでしょう？

受け身タイプの女性の相談に乗っていると、「彼が実家に連れて行ってくれないから、もしかしたら既婚者かも」「休日に会ってくれないから、ほかに彼女がいるのかも」と、不倫や浮気を疑っているケースがよくあるのですが、そんなのは、聞いて確かめればいいのに。でも、なかなか言えないのですね。

実際、「知らない間に浮気されていた」「実は、彼は既婚者だった」ということも、よくあります。

もちろん、ちゃんと確かめて、取り越し苦労だったというケースもある。

そう、聞けばスッキリするんです。

だから、**本音は言ってもいい。**

自分の意見はある程度、言ってもいいんです！

いや、言わないとマズイ!!

男性は、「頼られたい」と思っている人が多いので、多少はワガママを言ってくれる女性のほうがよかったりするんです。

周りを見てみてください。

「どうして、あんなに自由奔放でワガママな女性がモテるの？」って思うこと、たくさんありませんか？

女性は、意見を言って、男性に頼ることも大事なんです♪

だから、重い、ワガママ、ヒステリーだと男性が嫌うのは「度がすぎている」場合のみ。

適度な本音はしっかり伝えていきたいものです。

言いすぎてもダメ、言わなさすぎてもダメ。バランスが大事だということです。

言いすぎないような上手な言い方は、Ｃｈａｐｔｅｒ３でお伝えしますので、ぜひ読み進めてくださいね。

Point

本音も意見も言っていい！
重くなるなんて思わないで。
言わないと
「都合のいい女」になって、
受け身の恋愛になってしまう。

02

男性って、そもそも察することが苦手

「今度、ごはん行こうよ！　何食べたい？」

「なんでもいいよ〜！」


後日、デートはチェーン店の居酒屋へ。


「ここ、よく行くんだよね〜！　刺身とか絶品でさ！」

「うん、おいしいね〜。

（なんでもいいよって言ったけど、初デートで居酒屋はないんじゃない？　本当はイタリアンとか食べたかったのに……）」


また、ある日。


「今度、誕生日だよね！　プレゼント、何がいい？」

「ん〜、今は思いつかないな〜。なんでもいいよ〜」


後日、プレゼントにクマのぬいぐるみを渡された

「○○ちゃん、ぬいぐるみをたくさん持っているって言ってたから、好きかと思って！」

「あ……、ありがとう。

（このクマ、好みじゃないんですけど……）」

「彼、なんか感覚が違うんですよね。私とは、かけ離れていると思います。私、居酒屋は好きだけど、初デートで居酒屋に行くのはいや。プレゼントもセンスないし」

こういう出来事で、女性はお付き合いをやめてしまいがちですが……。

いやいや、感覚が違うとかいう問題じゃないんですよ！

男性は、エスパーではない。そもそも、感覚が同じ人なんて誰一人いません。

だから、自分の感覚を伝えてコミュニケーションすることで、お互いのことがわかってきて、感覚も同じだと感じていくものなんです。

そのプロセスを飛ばして、自分に合う人が最初から舞い込んでくると思うなんて、都合よすぎ!!

言わないと伝わらないのに、こんなふうに男性に「察して」って思っている女性は、とても多いんです。

一方、男性の恋愛相談に乗っていると、次のようなセリフばかりです！

「彼女が、何を聞いても、『なんでもいいよ』って言うから、どうしたらいいのかわからないんです」

「希望を言ってくれればいいんだけど、何も言ってくれないので困ります」

「彼女が『察してほしい』って言うんだけど、正直、意味がわかりません」

そんなの、言わなきゃわからない！　俺は、超能力者じゃないんだよ!!

っていう、男性の悲痛な叫びが聞こえてきます。

そのせいか、「はっきり本音を言ってくれる人が好き！」という男性は多いものです。

男性は察するのが、苦手。

これは、恋愛本にもよく書いてありますよね。

そもそも昔は、男性は狩りをする存在、女性は巣を守る存在でした。

狩りをするときは、獲物を狙って、前方に意識を集中させるわけです。

だから、周りに目を配ることが難しい。

そして、獲物を見つけても、「このウサギちゃん、かわいそう。親も家族もいるんだろうし……」などと察してしまったら、狩りにならないわけです。

一方、女性は、赤ちゃんを抱えて巣を守るので、周りに神経が行き渡る。

前方じゃなくて、横に思考が向くのです。

だから、女性は察するのが、お上手。

でも、察することができるからって、男性に同じことを求めるのは大間違い!!

「なんで彼は、こんなこともわからないの？」と思うかもしれませんが……、男性がわからないのは当たり前。

でも、その代わり、狩りをして大事な餌を運んでくれる存在です。

プライベートでは鈍感で、「この人、大丈夫？」と頼りなく思う男性も、仕事はできる人が多いんです。

私の結婚相談所の会員でも、友達で終わってしまうタイプの優しい男性がいるんですが、面談中に仕事の電話が来て、彼が電話に出たら……。

すごいテキパキ会話してる!!　かっこいい!!　普段もこれを出せばいいのに!!

って見直しちゃいました（笑）

でもプライベートの男性は、お休みモード。

そうでないと、集中力がもたないのです。

もちろんこれは、ひとつの傾向でしかありません。

察することが苦手な女性もいるし、察することが上手な男性もいるでしょう。

でも、察することが上手な男性は、1割程度と思っておいてください!!

そういう男性は、たくさんの女性と接して、女性の気持ちを勉強してきて、経験豊富な**「できあがった男性」**、もしくはいろんな女性に**「教育された男性」**です。

デフォルトの男性は、女性の気持ちがわからない。

そんな気配り上手な男性は、当然のごとくモテます！　だから、倍率が高い。

モテ男をゲットするのは、本音が言えない恋愛奥手女子にはハードルが高いのです。

女性の気持ちがわかる男性をゲットしたいのなら、あなたも「察することが苦手」な男性の気持ちを知り、本音を伝えられるようになること。

完成された男性を求めるより、自分の気持ちを伝えて、自分の気持ちがわかる男性になってもらうのが早いかもしれません♪

Point

男性は察することが苦手なので、
本音を言ってくれる女性が好き。
本音は言わないと伝わらないし、
聞かないとわからない！

03

言いたいことを、ただぶつけても逆効果

彼に「女だったら家事をやるのが当たり前だろ！」と言われたとします。

「ほんと、信じられない！　ありえない！　あなたってサイテー！　人の気持ちがわかってないよね」

彼がLINEに10日間返事をくれなかったとします。

「こんなに放置されて、つらい思いをするくらいなら、もう別れたいんだ。私、もともと、あなたのこと好きじゃなかったんだと思う」

彼に「会いたい」と言っても、いつもうやむやにされてばかりだとします。

「私のこと、本当に好きなの？　好きだったら、私の願いを叶えてくれるよね？　月に１回しか会えないなんて、愛されてるように感じない。家に行きたいって、ずっと言ってるよね？　どうして返事くれないの？」

「すごい！」「素敵！」「ありがとう」といったポジティブな言葉ならいいけれど、「ありえない」「うざい」「無理なんですけど」といったネガティブな言葉が口ぐせになっていると、**思っていなくても、ふと口をついて出てしまい、不用意に相手を傷つけてコミュニケーションが崩れがち！**　それって、本音とは言えません。

例えば、ケンカをしているときや怒っているときは、思ってもいないことを口走ってしまう。そのときはそう思ったから、ついつい言ったけど、あとから「言いすぎだった」と反省することはありませんか？

それって、本音だと思いますか？

例えば、女性が別れを切り出すときって、本当は別れたくないのに、相手をコントロールしようとして「○○してくれないなら別れる」なんて言ったり、相手の好意を感じられなくて「この関係、もうやめる」なんて言ってしまう……。

本当は、好きだったから付き合ったのに、別れたい自分を正当化して「好きじゃなかった」と脳内で変換してしまうこともあると思います。

それも、本音だと思いますか？

では、ここで言う「本音を伝える」とは、どんなことだと思いますか？

それは、自分の本当の「感情」「反応」「希望」を素直に表現すること。

例えば、「こんなに放置されて、つらい思いをするくらいなら、もう別れたい」じゃなくて、「放置されて、つらいんだ」と**感情を伝える。**

「人の気持ちがわかってないよね」ではなく、「こういうことを言われると、気持ちをわかってもらえないのかなって感じてしまうの」と**反応を伝える。**

「なんで今週も来週も会えないの？」ではなく、「近いうちに会いたいな〜」と**希望を伝える。**

逆に、本音になりにくく、相手に伝わりにくいものは、

- **怒りに任せたもの**
- **相手を責める気持ちがあるもの**
- **相手をコントロールしようとする思考（要求）**

こういうときは、少し飲み込んで、落ち着いてから自分の「本当の気持ち」を考えてみるといいと思います。

Point

「感情」「反応」「希望」に
フォーカスして伝えてみよう。
そして、素直な自分を表現すること。
「本当に伝えたい」ことが、
つまり本音。

04

聞き役ばかりの会話は、お互いにつまらない

（　）の心の声、言えていますか？

「昨日の台風、大変だったみたいだね。俺、家の中にいたから、全然大丈夫でさ」

「そうなんだ～。
（へ～、家で何をしてたんだろ？）」

「でも、友達は帰りの電車がすごく混んでて大変だったみたい。○○ちゃんは大丈夫だった？」

「うん、大丈夫だったー」

「やっぱり外に出ないと世の中の情勢ってわからないよね～。○○ちゃんはニュース見てた？」

「（そうだとは思うけど、昨日は平日で、彼、土日休みだし、何してたんだろう。仕事は？　大丈夫なの？）
そうだよね。私もニュース見て、びっくりしちゃった」

右の会話例のカッコ「（　）」の部分を言えていない人が、会話のキャッチャーです。

「会話はキャッチボール！」って、よく言われていますよね。

キャッチするだけで投げ返さないから、**会話のキャッチャー。**

会話をするとき、この「心の声」が頭に浮かんでも、それを言わない。

相手と会話しているようでいて、実は自分と会話しているんです。

こんなふうに自分と会話をして、挙句の果てには、相手のことを「少ない情報」でジャッジしようとしていませんか？

確かに、会話って話しているほうが楽しいので、よく恋愛本には「聞き役になれ」「しゃべらせるほうが勝ち」と書いてありますが、本当にそうでしょうか？

例えば自分が、すごく楽しく話しているときに「そうだよね～」「すごいねー」「俺もそう思う～！」と相手が共感してくれたら、最初は嬉しいですよね。

でも、それればかりだと、

「本当にそう思ってる？」

「調子よく私に合わせてるだけじゃない？」

なんて思って、挙句の果てに、「褒めてばかりで不自然」と思うかもしれない。

いくら自尊心をくすぐられると嬉しい男性でも、ずっと聞き役や褒められ役になっていると、一方通行であることに気づいて、「この人といるの、つまらない」と思うし、何より本音を言えていないから、自分もつまらなくて、つらくなる。

そんな自分でいたって会話を楽しめるはずがない！

なので、冒頭の例では「（　）」の内容を、そのまま伝えたほうがいいのです。


「私は大丈夫だったけど、昨日は平日だし、○○君って土日休みだよね？　仕事はどうしていたの？」

「うちの会社は早々にテレワークに切り替えてたんだ」

「そっか、家で仕事してたんだね～」


こんなふうに話せば、気になることも聞けてハッピーです！

会話はバランスが大事。「聞く」と「話す」のバランスは50：50にしてキャッチボールをしましょう！　会話をしているとき、自分自身と会話している人は、要注意です。

相手のことを思うなら、きちんと伝えて、自分も相手も会話を楽しみたいですね。

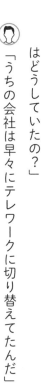

Point

思ったことを伝えて、
会話のキャッチャーから
抜け出そう！
聞き役になるのは必要だけど、
「話す」ことも大切です。

05

会話のキャッチャー、繰り返していませんか？

こんな"聞き役"になっていませんか？

「俺、夢があってさ。今の仕事も好きだけど、やっぱり、男は夢に生きたいよな。今、転職考えてるんだよね！」

「へ〜、そうなんだ〜。
(転職って……、今、42 歳でしょ？　これから転職って、この先のこと、どう考えてるわけ？　私たち、結婚前提で付き合ってるんじゃなかったっけ？　私との結婚のことは大丈夫なの？　彼とこの先、付き合っていくの不安なんだけど……)」

また、あるときは……。

「俺、来月、試験なんだ。ちょっと連絡取れなくなるかもしれないから、ごめんね。でも来週は、〇〇ちゃんがずっと行きたいって言っていた遊園地に行こうよ」

「うん、嬉しい〜。わかった、行こう！
(試験なのに、遊園地に行ってて大丈夫なの？　というか、遊園地に行けるんだったら、連絡くらいできるでしょ。遊べるのは嬉しいんだけど、どういうこと!?)」

上段の会話例の「（　）」の部分を放っておくと、このように脳内会話をして、彼のことを「夢見る夢男君」と勘違い!!　彼をどんどん好きじゃなくなっていきます。

でも、次のように、ちゃんと相手に伝えたら、どうでしょうか？

「へ〜、そうなんだ。夢があるんだね！　でも、ごめんね。言いにくいんだけど○○君、今42歳だよね。転職って、そんなに簡単じゃないと思うんだ。そのあたり大丈夫なの？」

こんなふうに聞けたら、

「うん、まぁ、そう思うよね。実は、そのためにいろいろ前から準備しててさ。資格も取ったし、調べたりして、一応、何社かオファーもらってるんだよね」

「そうなんだね！　すごいね」

こんな会話になるかもしれない。もちろん、

「うーん。そうだよね。まだ、なんにも考えてないんだけどさ」

という返事が来るかもしれないけど、そんなときは、

「夢があることは大事だけど、ちゃんといろいろ考えようよ〜！」

と言ってあげればよし。

一番よくないのは、言わないことで相手を決め付けて勘違いしてしまうこと。

これを何回も繰り返していく人は、誰と付き合ってもうまくいきません！

なぜなら、相手の悪いところを見つけて、それをよく確認もせずに人を嫌いになっていくから。

「恋愛できない！」「ときめかない！」「惹かれない！」と相手のせいにして困っている人が多いのですが、ときめかないのは自分自身のせいかも……。

そもそも、**相手のいい部分にフォーカスしていれば、いい恋愛ができるんです。**

ダメ出ししてばかりの人は恋愛できない。疑ってばかりだと人を好きになれない。

コミュニケーションで大事なのは、「相手を決め付けないこと」。

それが自分のためでもあり、相手のためでもあり、二人のためです。

「違うんじゃない？」と思ったときこそ、逃げないで、自分の中にある小さな疑問を放っておく習慣をやめること。「確認」して、ズレを解消していきましょう。

Point

会話のキャッチャーは危険。
勘違いで暴走しないために、
疑念は流さず、確認をしながら、
コミュニケーションをすること。

06

男性のプレゼン会話って、ここがつらい？

男性に“プレゼン会話”されていませんか？

「俺、スポーツ好きなんだよ。平日は、だいたいジムに行っているけど、休日はフットサルに出かけたりしてるんだ」

「わ～、そんなに身体を動かしてるなんて、すごい！」

「いや、そんなことないけど、まぁ、子供のころから、体育は成績よくてさ。運動会だと、いつもリレーの選手のアンカーだったかな。部活はバスケ部に入ってたんだけど、陸上部からも勧誘があるくらいでね」

「そうなんだ～。どうしてバスケ部に入ったの？」

「バスケは、先に人に誘われてはじめたんだけど……。（以下バスケ談）」

「そうなんだ～。
（そんな話、興味ないんだけど。彼、自分のことばかりで疲れる）」

こんな感じで、相手ばかりしゃべって、片方が聞き役になっているのを、私は「プレゼン会話」と呼んでいます。こんな男性たちに、私は、こう言います。

「男性諸君、プレゼン会話に注意して！　聞いてもいないのに、自分のことをベラベラしゃべるのは会話とは言わないよ。こんなプレゼン会話に萎えてしまっている女性が多いから、ちゃんと相手に興味を持って質問しましょう！」

女性たちは「世の中の男性全員に言ってほしい〜！」と共感してくれますが、同時に、男性はそういうものだということも理解したいもの。

男性はアピールしたい生き物だから、プレゼン会話をするのは自然の摂理です。

動物の世界でもそうじゃない？

例えば、孔雀。羽を広げてアピールしているのはオスです。

例えば、ライオン。タテガミがあるのはオスですよね。

オスは、そういう生き物なんですよ。

でも、悲しいかな、「人間の女性」は、それだけじゃ響かないんだけどね。

だから、そんな男性を、「疲れる」って思うのではなく、あなたから、そんな**プレ**

ゼン会話を止めてあげるのも大事です。つまり、**興味もないのに質問しない**こと。

「そうなんだ〜。どうしてバスケ部に入ったの？」↑これ、いりません！

自分の話もしたいのに、相手に質問ばかりしたら、結局、相手の話を引き出すことになります。**自分も話したいなら、相手の話に自分の話を織り交ぜる。**

「そうなんだ〜。私もスポーツ好きだけど、部活は美術部だった（笑）」

こんなふうに、「私も○○です」「私も、○○が知りたかったんです」と自分のネタに持っていくんです。

そもそも、最初からスポーツの話に興味がなかったら、途中で会話をぶった切ってもかまいません。そんなとき便利なのが、**「そういえば」というセリフ。**

「そういえば、話変わるんだけど、仕事は最近どう？」

これがコツ。自分も楽しくなかったら相手も楽しくないので、流れを変える。

そして、仲良くなってきたら「ごめん、その話、全然興味ない（笑）」って言えるようになるのが最高の関係ですね♪

Point

プレゼン会話が楽しくなかったら、
質問しない。自分の話もする。
会話をぶった切る。
能動的に会話をしていこう。

07

本音を言い合える相手って、どんな男性？

「今日、ブスだね～、どうしちゃった？」

「え～、本当？　どこがブス!?」

「なんか、いつもより化粧が濃い気がする！」

「へ～、そう見えるんだ！　ありがとう～！」


また、ある日。


「今日作ってくれた料理、なんか俺、ダメかもな……」

「あぁ、そうなんだ。何がダメ？」

「ちょっと酸っぱく感じるんだよね～」


そして、また、ある日。


「ねえねえ、これ洗濯してほしい！」

「んー、今、忙しい。自分でやれば？　どうしたの？」

「洗濯機の回し方、忘れちゃって……」

「じゃあ教えるね～」

実は右の会話、私たち夫婦の会話です。

いろんな人にシェアすると、「悪いところを指摘されるのって、楽しそうでいいな〜」と言う人と、「そんなことを言い合うと、傷つくので怖い」と言う人にわかれます。

私たち夫婦が、なぜ傷つかないで言い合えるのかというと、「お互いのことが好き」という確固たる自信があるから。

もちろん、私も彼に対して指摘します。彼が、おかしな髪型をしていたら、「おかしく見える」って言うし、彼の眉毛が変だったら、いい感じに剃ってあげる。

カップルって、お互いが鏡で、メンテナンスなんです！

街を歩いて、ズボンのお尻が破れている人がいたら「すいません、ズボンに穴が空いてますよ」と言うのが親切じゃないですか？　知らんぷりするのは、ひどくない？

相手のために悪いことも言ってあげるって、そういうこと。

本音を言えない人によくあるのは、「ネガティブなことは言いにくい」「否定的なことは言っちゃダメ」と思い込んでいること。

ネガティブな思いが浮かんできたときに、「こんなことを言ったら嫌われるかな？」「こんなことを言ったら相手を傷つけるんじゃないかな？」と考えてしまいますよね。そのまま言ってしまったら、傷つけることもあると思います。

でも、浮かんできたその思いを否定して放置してしまうと、**自分が傷つきます！**

だから、まずは「ネガティブなこともOK」にして受け入れること。

そして、いやなこともダメなこともシェアしあうには、それを自分自身と直結させない！　ちゃんと切り離すことが大事。

料理がダメと言われても、料理が合わないだけで、あなたが悪いわけじゃない。

「自分そのもの」は、ちゃんと好かれていて、大事にされていると自信を持つことです。

ちなみに、私が今の夫に惹かれたのは、悪いことも突っ込んでくれるからでした。いいことばかり言う人って、信用しにくいですよね。彼は、褒めもするけど、悪態もついてくる人だったので、本音をちゃんと言う人だな〜って思えたんです。

そう思えると、信頼度が増していきます。

悪いこともシェアするって、とても大事なんですね♪

Point

相手のためなら、
悪いことも言っていい！
「彼は、何を言っても、
自分のことが好き」だと
思い込むこと。

Column 1

察するコミュニケーションの時代は、もう終わり

これまで、本音を言えないシーンをたくさん書いてきましたが、これって、恋愛だけの問題じゃありません！

日本人って「本音と建前」で育てられてきて、「わかるでしょ？空気を読みなさい!!」と言われる「察する文化」です。

でも、思うんですよ！

「は……？　そんなの、わからない!!」って。

今って、海外との交流もさかんで、多様な価値観が混在して、「価値観が違っていてもいい」「いろいろな考え方があっていい」と認められている社会。

いろんな人がいるから、察することは難しい。

セミナーのときに、私が「自分のこと、変わっていると思ってる人～！」と聞くと、だいたい半分以上の人が手を挙げます。

自己認識だけでも、“変わっている人”がたくさんいるんです。

下手に「こういう人は、こうだろう」と察していたら、かえって勘違いすることもたくさんある。

「社交辞令」って、昔はコミュニケーションを円滑にするもので、その場だけ、相手を気分よくさせるために必要だったけど、今は**逆にコミュニケーションの弊害にしかなりません**。

ある海外のパーティに誘われた日本人が、「カジュアルな服で来てください」と言われたけれど、名簿を見たら名だたる人が多かったので、スーツとネクタイで行ったそう。そうしたら主催者に「俺を信用しないのか！」と、怒られたそうです。

変な憶測が、逆に信頼関係を損うのが、わかりますか？

言葉をそのまま信じるって大事なことです。

自分も、言ったことをそのまま受け止めてもらえなかったら傷つきますよね。「察してほしい」と逃げないでください。

わかってほしいなら、伝えればいいだけ。

違っているから、コミュニケーションする。**わからないから確認する**。**こじれないために本音で話す**。

まだまだ古い習慣も根強いけど、上手にバランスをとりながら、自分の意見を言えるようになりたいものです。

本音を言うのは、日常から。

言葉をまっすぐ伝えて、信じられるようになりましょう。

Message

同じ人なんて誰一人いない。
言わないとわからないから、伝える！
確認する！
そして、言葉をそのまま、受け取ること。

Chapter 2

本音を言うのは、マイナスなんかじゃない！

――こうすれば、心の距離がぐっと近づく

08

「連絡がないからもう好きじゃないんだ」は勘違い

19:27 〇〇君の好きなビーフシチュー作ったよ～！

おー！　食べたいな～ 20:30

20:33 今度、食べにおいでよ

行く行く～～！ 20:40

そのまま、次の日へ。

7:58 おはよ～、今週から皇居ランをはじめたよ！

俺も一緒に走りたいな～、最近、身体がなまっててさ。今度、時間空いてたら行きたいなー 8:14

9:06 うんうん、一緒に走ろうー！

そのまま、別の話題へ。

右のような感じで、次に会う日程を調整しないまま、「今度行こうね！」を繰り返している男女がいます。

こんなことばかり続くと、女性は「連絡くれないから、私のこと好きじゃないと思います。いつも、切り出すのは私ばかりで……」と悩んでしまう。

でも待って！　そんなことで、彼のことを決めつけないで！

「連絡がないし、彼から誘ってこないから、私のことが好きじゃない」というのは、思い込み。

その証拠に、こんな会話をしていた女性も、私が次のようにアドバイスをしたら、デートが即決まって、１ヶ月後には付き合っていました。

「『行く行く〜』って言っているってことは、気があるはずだから、もう一歩踏み込んで日程調整を持ち掛けよう」

その後、結婚まで進んで、今はかわいい赤ちゃんを授かっています。

今の時代って、草食男子が増えているので、話しかけるのにも誘うのにも、どうしたらいいのかわからないという男性が大勢います。

「どう話題を切り出していいのかわからない……」とか「日程を提案していいものなのか……」とか、恋愛市場は「待ちゲーム」ばかり！　男女ともに。

「いいな」と思っていても誘わないし、連絡先を聞かないし、日程を調整しない。

お互いに自信がないんですね。

少なくとも今の世の中、とても自信を失いやすい環境だから、なおさら「待ち」に入ってしまう。

でも、二人とも「待ちゲーム」だと何も進まないんです！

『いいな』と思い合っているのに、もったいない！」というケースを、私はたくさん見てきました。

恋人ができるかどうかって、顔がいいとかモテるとかじゃなくて、「自分から動いているかどうか」だけ。

だから、自分から能動的に動けば、進む恋愛はたくさんある。

「私が誘って種をまいているんだから、日程調整は相手」と勝手に役割分担していませんか？

「お誘いは男性から」なんていう時代は、大昔の話。

待っているばかりで、いい男を肉食女子に取られてしまうという現象、私はこれまでにたくさん経験しています。

ホステスの世界も例外ではなく、ちゃんと誘う人のほうが有利。

「待つということは、それくらいの気持ちでしかないし、やっぱり私のこと好きじゃないんですよ」と思うかもしれないけど、「待つ」ことと「好き」という気持ちは全然関係ないんです。

だって、**「好き」って思っているけど、好きだからこそ行けずに待ってしまう人は、たくさんいるんじゃない？** そもそも、自分がそうじゃない？

「男だったらこうするはず」と先入観で決め付けないで、「連絡をくれない」「日程を調整しない」「待っている」ということと、「好きな気持ち」は切り離してください。

できれば、誘い誘われる関係がいいけど、「受け身だから気持ちがない」と決めつけるのは違う。

誘ってほしいなら「誘ってくれると嬉しいな♪」と言うだけで、男性は動きます!!

「気持ちがあるのに、そんなふうに待ってる男性って面倒くさいです」

と思うかもしれない。でも、それって自分も同じじゃないかな?

「今回は私が連絡しているから、次は彼からも連絡が来るのが当たり前」みたいに、「私ルール」を作っている人も、面倒くさいように思います。

連絡したいときはしていいし、誘いたいときに誘えばいいし、会いたかったら日程を調整すればいい。

少しでも相手のことが気になっているんだったら、会って話してみたら自分の気持ちがハッキリする。自分の気持ちを確かめるために、誘えばいい。

恋愛はいつも、相手の気持ちより自分の気持ちを優先するほうがいい。

能動的に進めるほうが勝てるから。

いつも待っている人は、恋愛弱者です!

Point

「連絡がないからもう好きじゃない」

というのは、思い込み！

勝手に愛情を測らない。

連絡をくれなくても、
あなたは彼に好かれている。

09

相手の立場に立って考えすぎるのは落とし穴

会話の食い違いを避けるには？

「昨日は何してたの〜？　LINEの返信来なかったから心配した〜」

「大学の女友達と飲みに行ってたんだよ。久しぶりに誘われてさ！」

「そうなんだ！　何人くらいで飲みに行ったの？」

「二人だよ」

「え？　女性と二人？　なんで言わないの？　おかしくない？」

「逆に、なんで言わなきゃいけないの？」

「だって、私だったら男の人と二人で飲みに行くなんて、〇〇君がいやがると思うから最初から行かないよ」

「いや、でも、俺だったら〇〇ちゃんが男性と飲みに行くのは、別にいやじゃないから、いいと思ってたよ。何が悪いかわからない」

右の会話例の二人、どこまで行っても、平行線。

「私だったら……」「俺だったら……」って、お互い「相手の立場に立って行動したんだから、いいでしょ！」と思っているんだけど、実はこれが大きな落とし穴。

ここで思考が止まってしまって、平行線なんですね。では、どうすればいいか？

重要なのは、自分の感覚で相手の立場に立つのではなく、**相手の感覚で相手の立場に立つことです。**

「相手の立場に立って考えなさい」「自分がされていやなことは人にしちゃいけない」と、小さいころから、よく言われてきた人は多いはず。

人の気持ちを理解するのに「自分だったらどうする？」と考えるのは、最初のステップとしてはいいと思います。

でも、その次の段階に進まないと大きな間違いをしてしまいます。

なぜなら、「相手の感覚」は「自分の感覚」とは違う場合も多いから。

違う場合は、通用しません！

相手の気持ちは自分の気持ちと常に同じではないんです!!

2番目に大事なステップは、自分の感覚を捨てて、**相手の感覚で相手の立場に立つこと。**気をつかいすぎてしまう女性は、彼にどう思われているかを気にしすぎて、「私だったら、こう考える」という基準で、ものを考えることが多いんです。

「私だったら、マメに連絡が来ると面倒だなって思うから連絡しない」

もしかすると、彼はマメに連絡をしてほしいタイプかもしれない。

「私だったら、つらいときに相談に乗ってもらえると嬉しいから、彼が大変そうなときは、『大丈夫？　なんでも話してね！』って力になろうとする」

男の人って、つらいときは誰にも相談せずに自分で解決したい人が多いから、彼もそんなに悩みを話したくないかもしれない。

彼と自分の感覚が違うということはたくさんある。

自分の感覚で相手のことを考えるのは、とても危険!!

自分の感覚で相手の立場に立って、こじらせちゃっている人が多いんです。

では、この2番目のステップを実行するにはどうしたらいい？

それは「自分だったら」と考えるのをやめて、「相手は、どうなんだろう？」と、まず聞いてみること。

「感覚は違う」という前提に立って、コミュニケーションする。

そして、相手の感覚を聞いて、それを知ったら、**理解して受け入れることです。**

「○○君って、連絡はマメだといやなタイプ？」

「私は、悩んだときに相談に乗ってほしいタイプだけど、○○君は、どうかな？
放っておいてほしいから自分で解決したいタイプ？」

こんなふうに聞いてみればいいんです。

冒頭の例だと、お互いの感覚をすでに言っているので、それを受け入れるだけ。

は「私は、彼が異性と飲みに行くのはいやだと思う」と言うだけ。

は、「彼女が異性と飲みに行っても、全然平気」と言うだけ。

感覚の違いを、「そうなんだね」と受け入れる。

その上で、相手の立場に立って考えれば、

「そっか〜。私は気にしちゃうから、次は報告してね」

「ごめんね、俺は全然、平気なタイプだけど違うんだね。次からそうするね」

と言えると思います。

多様な価値観が許容される今、何がいやで何が嬉しいかなんて、人によって違う。

そんな前提に立って、コミュニケーションを繰り返していくと、きちんと相手の感覚で、相手の立場に立つことができるようになります。

「違った感覚がある」という変わらない事実を知って、それを受け入れること。

ただ話を合わせて、本音を言わずに「私も同じ」「うんうん、そう思う」って適当に言ってしまったら？　それって嘘を言っているのと同じ。

感覚の違いを、ちゃんと伝えることができなくて、関係はこじれます。

人に気をつかいすぎて、ＹＥＳもＮＯも本音も言わないでいたら、相手にも自分にも嘘をつくことになるんです。

相手に合わせてしまうのは「違う感覚を持つのはよくない」という思い込みのせい。

まずは「感覚が違っていてもＯＫ」にしましょう。

Point

自分の感覚で
相手の立場に立つから、
関係がこじれてしまう！
相手の感覚を聞き出して
その感覚を受け入れよう。

10

相手を否定する前に、まず聞くのが先決

“違う感覚”、受け入れていますか？


「いい映画だったね！　最後、二人が別れるとき泣いちゃったぁ」

「そう？　俺、退屈で寝ちゃったんだよね（笑）」

「そうなの？　あの面白さ、わからないかな？」

「うん、なんだろ、恋愛ものって、あんまり共感できないんだよね」

「えー！　あのせつなさがわからないの？　おかしくない？」


また、こんなふうに思っていませんか？


「実家にはよく帰ってるんだ。両親も歳だし、心配だからね」

「そうなんだ〜。私は親とあんまり仲良くないから、実家には帰ってないけど。

（彼、なんか感覚が違うな）」

「女性は共感してほしい生き物」とは、よく言われるけど、全部が全部、彼と同じ感覚だと思ったら、大間違いです。

確かに、感覚が合う人に惹かれるし、話が盛り上がるもの。

でも、全部が一緒だと思って期待しすぎると、問題が発生します。

同じ環境で同じ生活をして同じ時間に一緒にいても、100％同じ感覚にはならないですよね。男と女なんだから、20％でも一緒の部分があればいい。

違った感覚を受け入れられない人は、「おかしくない？」「私とは感覚が違う」と、相手を否定してしまいます。自分と違った感覚の人を、「相手の感覚がおかしい」と非難してしまうのは、コミュニケーションができない人の考え方。

「私は、おかしくないよね？」と、自分と同じ感覚の人を必死になって探すのも、自己防衛しすぎて自分の世界を狭める、愚か者の行為です。

違った感覚を受け入れること、それが人付き合いを成長させる秘訣です。

だから、違う感覚を知って理解することを怠らないで！

相手の行為には、無数の感情があり、経験があり、理由がある。

そんな理由を聞いてあげたり、言い訳を聞いてあげたりすることで、理解ができて許せることって多いんです。なので**「違う」「おかしい」「わからない」という気持ちが出てきたら、「どうしてそう思うの?」と背景を聞きましょう。**

そうしたら、彼について理解できることが、たくさん増えるかもしれません。

違った感覚を受け入れるのって、大変かもしれませんね。

だって、違うとモヤモヤするし、場合によってはムカつくこともあるでしょう。

そんなときに役に立つ考え方が、違った感覚を「面白い!」と思うこと。

「えっ!?」って思ったときこそ「面白いね。それ、どういう発想?」という感覚で聞くと、ムカッとした気持ちもなくなるかもしれませんよ。

ただ、「理由を聞いても理解に苦しむ」とか「そもそも話し合えない」という人とは、本当に感覚が違うのかも……。

でも、最初から相手を「違う」と判断してジャッジしないで「背景」を聞いてみると、違った世界や、知らなかった感覚にアクセスできるようになります♪

Point

違った感覚を受け入れる！
受け入れられないなら、
「面白いな」と興味を持って、
背景や理由を聞き出そう。

11

「なんで？」を言ったら、もう終わり

ついつい「なんで？」と言っていませんか？

今から会えない？　予定空いたんだ！
20:15

えー？　なんでもっと早く連絡くれないの？　別の予定入れちゃったよ
20:22

また、あるとき。

明日、大事な仕事があるから、今日は泊まらないで帰るね〜
22:03

えー！　最近全然会えてないから、一晩一緒にいたいのに、なんでわかってくれないの？
22:10

そしてまた、あるとき。

なんで何回言っても、私の誕生日を忘れるの？
15:05

いや、なんでって言われても……。（わからないよ）
16:02

「なんで」と、彼を責めてしまうこと、よくありませんか？

「なんで？」の裏側にあるものは「○○しなさいよ」という、強烈な命令形です。

「なんで、早く連絡くれないの？」→「もっと早く連絡しなさいよ」

「なんで、わかってくれないの？」→「私の気持ち、理解してよ」

「なんで、何回言っても忘れるの？」→「忘れないで覚えておいてよ」

こんなふうに相手に強制する言葉なのですね。

「いや、私は本当に理由を聞きたかっただけなのに……」と思っても、相手には責めているように伝わるし、命令されているように伝わる。

だから、「なんで？」を言われた男性は「……」と沈黙してしまうことが多い。


相手をコントロールしようとして、責めてしまうと、コミュニケーションは破綻します。「なんで？」は、そういう危険な言葉。


では、どんなふうに言い方を変えていけばいいでしょうか？

強烈な命令形ということは「そうしてほしい！」という、自分の感情のあらわれ。

だから、次のように、「彼」じゃなくて「自分」に視点を持っていくだけです。

「なんで、早く連絡くれないの?」↓「もっと早く連絡がほしかったよ」

「なんで、わかってくれないの?」↓「私、わかってほしいんだ」

「なんで、何回言っても忘れるの?」↓「私は覚えていてほしいんだよね」

「なんで?」が出るときは、自分の希望があるとき。相手を責めるのではなくて、希望を言うだけで命令形ではなくなり、相手にも伝わりやすくなります。

素直な希望を、そのまま彼に伝える。それが本音です。

そして、自分に視点を当てると解決策もわかってきます。

もっと早く連絡がほしかったら、自分も早く確認すればいい。

わかってほしいなら、わかりやすい言葉で伝えればいい。

何回も言うほど覚えていてほしいのなら、彼のスケジュール表にメモするくらいしてもいいし、インパクトのある言葉で伝えてもいい。やりようがたくさんある。

人を責めるより、まず自分。

「なんで?」が頭に浮かんだら、自分にフォーカスを!

Point

「なんで？」は命令形。

口ぐせになっている人は要注意。

「どうしたら○○してくれるかな」

「○○してほしいな」に変換を。

12

傷つけないで、ちゃんと伝えるには？

“言い方”に気をつけていますか？

「Aちゃんと仲良くしすぎじゃない〜？　Aちゃん、かわいいよね。CAだし」
「え……そう？
（嫉妬かよ、うざいな）」

次のように言い方を変えたら、どうでしょうか？

「Aちゃん、CAだよね、かわいいね。でも、あんまり仲良くしすぎると嫉妬しちゃうなぁ〜（笑）」
「え〜……そう？
（嫉妬してんのかよ、かわいいな）」

また、あるときの会話。

「なんで連絡くれないの？　付き合ってるなら毎日連絡しないと不安になる」
「なかなか時間がなくて……ごめんね。
（仕方がないだろ）」

次のように言い方を変えたら、どうでしょうか？

「ごめん、なんか毎日連絡くれないと不安になっちゃって。スタンプでもいいから、連絡くれると嬉しいよ〜」
「わかった。仕事忙しいけど、できるだけ頑張るよ！」

右の会話例の女性、同じようなことを言っているのに、相手への伝わり方が違うのがわかりますか？

つまり、大事なのは「言い方」。

歴史上、民衆が自由を勝ち取る先駆けになった、フランス革命の人権宣言第４条にも、こんなことが書かれています。

「自由とは、他人を害しないすべてのことをなしうることにある」

自由になんでもできるって、とても素晴らしいこと！

だから、**本音も、相手が傷つかない範囲で自由に伝えていいのです。**

ポイントは、**相手が傷つかない範囲（他人を害しない範囲）でなら、何を言ってもいいということ。**この定義を大事にしてください。

でも、「相手が傷つかない範囲」って曖昧ですよね。

相手によって傷つくかどうかの基準が違うので、まずは、それを探っていく会話が必要なんです！

本音を言い合いたいなら、ちょっとやそっとじゃ傷つかないマインド、つまりは

「自信を持つこと」が大事だし、相手を傷つけない「言い方（ノウハウ）」もポイント。相手を害さない上手な言い方を身につけて、本音を言えるようになりましょう。

よくあるケースに、次のようなことがあると思います。

- **ネガティブなこと（否定語）ばかり言ってしまう。**
- **全部を肯定語で言い、オブラートに包みすぎる。**
- **相手を責めたり、否定してばかりいる。挙句の果てには怒ってしまう。**
- **相手をコントロールしようとしている（要求）。**

だいたい、否定語ばかりだと、気持ちは下がってしまいますよね。

「でも」「だって」「無理」「面倒くさい」「○○しなきゃ」「つらい」「不安だ」「苦しい」……。

読むだけでも、気分が落ちませんか？

聞き苦しいので、相手は心を閉ざします。つまり、ネガティブ用語は人を傷つける。

では、肯定語だと？

「そうだね！」「オッケーだよ！」「頑張ってみるね！」「楽しいよ～」「嬉しいよ～」「○○したいね！」「ありがとう」「明るいね」「素敵だね！」「かわいいね！」

こんなポジティブな用語は、気分が上がります！

でも、そればかりだと違和感がありますよね。つまり、**肯定語ばかりは気持ち悪い。**

ネガティブなところもポジティブなところも、全部含めて「人間」です。

落ち込んでいるときもあれば元気なときもあるし、厳しい面もあれば優しい面もある。そんな人間らしさを、上手に「言い方」に盛り込んで自分を表現したいもの。

なので、私のオススメは、バランスよく否定語と肯定語を盛り込むこと。

否定語って強く印象に残りやすいから、7：3くらいで、ポジティブを多めにするほうがバランスが取れるんです!!

だから冒頭の例だと「嫉妬」とか「不安」とか、ネガティブ用語を使っても大丈夫。「かわいいね」「嬉しいよ」というポジティブ用語が緩和しているからです。

もうひとつ気をつけたいのは、相手に「要求」したり「責め」たりしてしまうこと。だいたいの人は、責められたり要求されたりするのをいやがります。

親に「宿題しなさい！」と言われて「言われなかったらやるのに、言われたからやる気がなくなった」という経験がある人は多いと思います。それと一緒。

冒頭の例だと「仲良くしすぎじゃない？」という言い方だと、「仲良くしないでよ」というニュアンスが含まれることが多いので、いやな気分になりやすい。

でも、「仲良くしすぎると嫉妬しちゃうな〜」という言い方だと、自分の気持ちや感覚を伝えているだけなので、「そう？」っていう反応になる。

「要求」せずに、自分の気持ちを伝えるだけでいい。Ｃｈａｐｔｅｒ１で、「感情」「反応」「希望」にフォーカスして伝えてみましょう、とお話ししましたよね。

ただ自分の気持ちを伝えてみるだけでいいんです。

そこに「要求」とか「責め」はいりません！

怒ると、もっと伝わりにくい。

だから、「連絡をくれないと不安になる」という気持ちを伝えればいいだけです。

伝えた結果どうするかは、相手側の問題なので、彼の選択を尊重しましょう。

上手な伝え方のポイントは、Ｃｈａｐｔｅｒ３でお話ししていきますね♪

Point

ネガティブ用語ばかりだと
相手を傷つけるので、
7割はポジティブ用語を使おう。
「責め」や「要求」は、
「素直な気持ち」に置き換えて。

13

そもそも、自分のことが好きですか？

「○○ちゃんって、本当に愚痴を言わないよね。いつも明るくていいね !!」

「あはは〜、まぁ、愚痴言ってもしょうがないしね。ありがと !!
（本当は言いたいけど、あなたの前では我慢してるのよ。だって、嫌われたくないから）」

もし、女性側が、こんなふうに返事をしていたら？

「○○ちゃんって、本当に愚痴を言わないよね。いつも明るくていいね !!」

「そんなふうに言ってくれて、ありがとう。でも、私だって愚痴を言うときもあれば、暗くなるときもあるよ。そんなときは、愚痴を聞いてね !!」

さて、ここまで、本音が言えない例をたくさん挙げてきました。
なぜ本音が言えないの？
その大きな理由は、自分に「自信」がないからです！
自信とは、つまり、**自分を信じる力ですね。**
「自己肯定感が高い人」「セルフイメージが高い人」とも言われるものです。
例えば、「本音を言ってしまうと嫌われるんじゃないかな……」と思うなら、その
「本音」に自信がない。
「本音」に自信があっても、受け入れてくれるかどうかわからない不安がある。
だから言い出せないんです。
いくら「言い方（ノウハウ）」を身につけても、自分の気持ちに自信がなかったら、
その言い方でさえ言い出せないのです。
なので、土台となる「自分の在り方」が大事。
ノウハウよりはマインド、やり方よりは在り方です。

自分のこと、認めていますか？　そもそも、自分のことを好きですか？

自信がない人の多くは、自分に対して嫌いな部分が多いんです。

だから、その「嫌いな部分」って、人に出せないんですね。

例えば、化粧をしていない自分は醜い。家でダラダラしている自分はダメだ。人の愚痴を言っている自分は嫌い。

こんなふうに思っていると、彼の前ですっぴんになるのは無理だし、家には招けないし、愚痴すらこぼせない。本音も言えず、自己開示もできない。

自信がないから、他人のノウハウや、そこら中にある「恋愛スキル」に頼る。

その結果、うまくいくこともあるけれど、結果が出ないこともあります。

恋愛って、簡単に言うと人付き合い！　人付き合いに正解はありません。

なのに、正解を求めて他人のノウハウを実行し、無理な自分で相手に接する。

例えば、「男性は褒めること！」。これは、どこでも言われている鉄板ノウハウ。

でも、無理して褒めて持ち上げたら、気持ち悪い自分になりませんか？

そして、うまくいっても、他人のノウハウなので自分の価値は上がりません。

いろいろな恋愛スキルに振り回された結果、「うまくいったのは他人のおかげ。うまくいかなかったら自分のせい」と感じて、どんどん自信がなくなっていきます。

では、自信がある人は、どうしているかというと……。

まずは、自分が好き。もしくは、大好きまではいかなくても、自分に誇りがある。自分を責めることが少なくて、悪いところも含めて自分を承認できている。だから、自己開示してオープンに本音が言えるし、その本音を受け入れてもらえるかわからないという不安もありません。

例えば、化粧をしている自分も好きだけど、すっぴんにも自信がある。ダラダラしている自分もOKだと思っている。「人間だもの。すっぴんになれるし、愚痴だってこぼしてもいいよね」って思っている。

だから、すっぴんで彼に会えるし、二人でダラダラできるし、愚痴だってこぼせる。「相手が受け入れてくれている！」という確固たる自信があるわけではなく、「受け入れてくれなくても大丈夫」と思っているんです。

「好きな人が受け入れてくれなかったらつらい」と思うかもしれないけど、本音にもいろいろあるし、自分の意見がすべて相手に受け入れられたら、逆におかしいでしょう？　**だから、「受け入れても、受け入れられなくても大丈夫」と思うことが大事。**

では、自信のある人は他人の恋愛ノウハウに頼らないかというと、そうとは言い切れません。本を読んで「褒めるのがいい」と知ったら褒めるし、やってみてダメだったらなぜダメなのかを考えるし、「無理に褒めるのは違う」と思ったら褒めない。

恋愛ノウハウに振り回されるのではなく、読んでいいと思ったノウハウは実行するけど、違うと思ったことはやらない。**やるかどうかを「選択」しているんですね。**

うのみにして実行するのと、自分で考えて行動に移すのには、同じ「実行」するにしても、雲泥の差があります。

ネガティブだと思う自分にもＯＫを出してあげてね。**だって人間だもの。**

自分を好きになりましょう。そうしたら、彼の前で本音が言えるようになる♪

でも、「自分に自信を持つなんて難しい！」という人もいますよね。

それについてはＣｈａｐｔｅｒ４で詳しくお話ししていきます。

Point

本音を言うには、自信が必要。
ネガティブも含め、
自分を好きになろう。
他人のノウハウはよく考えてから
「選択」をして行動すること。

14

上手に希望を言い合うには、どうすればいい？

「ねぇねぇ！　今度は恋愛ものの映画に行きたいな～」

「俺、ちょっとそういうの興味ないんだよね。ごめん」

「……。

(そうなんだ。でも、私のことが好きなら付き合ってくれてもいいのに)」


------「行こう」という返事でも彼の心の中はこうなっているかも------

「ねぇねぇ！　今度は恋愛ものの映画に行きたいな～」

「そっか～、じゃ、行こうか！

(興味ないけど、彼女のために頑張るか)」

「やった～！　嬉しい」

------ そして、映画鑑賞後。 ------

「面白かったね～」

「ごめん、俺、途中で寝ちゃったよ」

「そうなんだ……、残念。

(私と一緒だと楽しくなさそう)」

「相手を傷つけない範囲なら、言いたいことは、いくらでも言っていい！　そのためには、受け入れてもらえるノウハウ（言い方）と、言えるようになるマインド（自信）を身につけることが大事」と、お話ししてきました。

でも、これらは、本音を言わなかったら平行線だった二人の関係を、ただ交わらせただけの段階。やっとスタート地点です。

最高の関係になるには、**関係を調整していく力が必要です。**

つまり、意見をすり合わせるとか、話し合うといったことを意味する、歩み寄る「パートナーシップ」です。

その大前提が、「本音を言うこと」なんです。

これがないと、調整する材料もありません。

その調整するもの＝材料が「希望」です。

だから、希望は、どんどん伝えていい！

ただ、世の中の人は、この「希望」すら言えてない人が多いんです。

なぜかというと、**「断ること＝よくないこと」だと思っているから……。**

例えば、女性に多いのは「断られる＝嫌われている」と思い込んでしまうこと。断られることで、とても傷つく。ＮＯを言われたら、いやなんです。

冒頭の会話例も、恋愛映画が苦手だったら、彼は「断ってもいい」んです。

でも、女性に「好きだったら願いを叶えてくれるはず」「好きだったら断らないはず」という思い込みがあるから、彼に強要してしまう。

こうなると、彼に本音を言ってもらえなくなります。

かといって女性が消極的だと、断られて傷つきたくなくて、「やりたいこと」や「してほしいこと」を言えない傾向にあります。

「どう言えば断られないかな？」と、わかりもしないのに察しようとして疲れてしまうし、自分の希望を言っていないのに「相手にこうしてほしい」「察してほしい」と男性に求めてしまいます。

「希望は言ったら叶えてもらうもの」という勘違いをやめましょう。

断られてもいいんです！

逆に、男性に多い傾向は**「希望は言われたら叶えなきゃいけないもの」**だと思っていること。冒頭の会話例の2番目です。頑張って彼女に合わせようとしてしまう。

頑張っている状態って、自然体ではないですよね。

彼女に言われたから恋愛映画に行ってみたけど、楽しめない。

でも、「私と一緒にいても楽しくなさそう……」と、楽しむことまで要求してくる女性がいる。

その前に無理なら、「断ってもいい」んです。

断る勇気を持ってください。

こんなふうに「彼女の希望は叶えなきゃ！」と思っている男性が多いので、女性は希望を言うときに、「断ってもいいよ～」「ダメ元でお願いしちゃうけど！」と付け加えておくと、彼のプレッシャーが軽くなるし、お願いしやすくなりますね！

希望がたくさんある中で、全部をYESにしていたら大変！
NOも大事です。
でも、NOを言わせない雰囲気があったら、希望すら言えません。

相手も自分も希望を言いやすくするには、**「断られてもOK。断ってもOK」というマインドを持つこと。**

「どちらでもいい」と、相手に選択の余地を与えること。

「断ってもいいよ」「ダメならいいよ」と一言添えて、相手に選んでもらいましょう。

「100万円ほしいな〜。でも、無理ならいいけどね」↓「うん、無理（笑）」

ね、答えやすいでしょ？

断ることがOKだと、楽に希望を出しやすいのです。

やりたいことや、してほしいことを断られたとしても、自由に言い合える関係って、いいものですよ。

こんなふうに言い合えたら、希望にあふれた関係を築けます。

Point

パートナーシップとはつまり、
希望を言い合うこと。
「断っても断られてもいい」という
マインドで、
希望を言いやすい二人になろう。

Column 2

「友達としか見られない」と振られたけど、付き合えた話

勇気を振り絞って告白したのに、「ごめんね、友達としてしか見られないから付き合えない」と言われて、振られてしまった。

諦められなくて周りの人に相談しても、「それは仕方がない。もうその人はやめて、別の人にしようよ」としか言われない……。

だから私に、「諦める方法を教えてください」という相談をしてきたA子ちゃん。

でも、「本当に諦めたいの？」と聞いたら、「諦めたくない」。「だったら、諦めなくていいから、そのままお友達として、ごはんに行ったり、遊んだり、お誘いしたりして、２度目の告白をすればいいよ」とアドバイスしました。

プラスに考えてほしいのは「友達としては見られる」というところ。友達になれない人とは付き合えないわけだから、**友達としての信頼関係はできているということ**。

実は私、今の旦那から告白されて、２度も断ったのに、最終的に彼を好きになってしまいました。それと同じく、彼が、こちら

を好きになってくれる可能性は大いにある!!

私はいつも、**「告白は３回までしよう！」**と言っています。

１回目は「種まき」「意識づけ」程度に考えて、軽い気持ちで告白していい。今まで、お友達だと思っていたのが、視点が変わると、相手を気になりはじめる場合がたくさんあるからです。

振られても、お友達として付き合っていく中で、彼は自分に告白してくれた女性を「意識」して、だんだん好きになっていく。

そしたら、彼のほうから告白してくる可能性もあるし、２度目に告白したときに、付き合えたりするんです。

だから、**最初の告白は、振られる前提で全然かまいません。**

気持ちが相手に伝わることが重要だから、彼をこちらに振り向かせるのに一番効果的なのが「告白」なんです！

Ａ子ちゃんは、２週間後には、その彼と付き合っていました。

振られても付き合える人って、実は多いんですよ。

大事なのは、「諦めたくなければ諦めないこと」「２度目の告白をしてみること」。**勇気を出して、本音を伝えたことを無駄にしないでほしいのです。**

Message

自分に正直になって、
まずは気持ちを伝える。
そして、「伝え続ける」こと。
人は変わるもの。
本音を伝えることで、人の気持ちは動く。

Chapter 3

そもそも、本音って
どんなふうに言えばいいの？

――押し付けがましくなく、
言いたいことを言う方法

15

大事なのは内容よりも、「雰囲気」です！

「今日の映画、面白かったな！　あそこでヒロインが裏切るなんて、思いもよらなかった。ところでさ、この後、ごはんどうする？　焼き鳥でも食べていかない？」

こう聞かれて、どう答えますか？

「そうだよね、びっくりしたよね。どうなるかと思っちゃった。わかった、焼き鳥、食べよっか」

「えっ！　そう？　よくある展開だと思ったよ！　私は裏切ると思ってた〜！　え？　焼き鳥？　私、パスタ食べたいんだけどダメ？」

右の2つの答え方、相手は、どちらが心地いいでしょうか？

は、男性の意見と同じ感想を**淡々と**答えています。

は、男性の意見と違う意見を、**男性と同じノリ**で答えています。

この場合、多くの男性はのほうが心地がいいと答えます。

「せっかく彼に合わせているのに！」と思いますか？

いやいや、合わせるところが違うんです。

ここで重要なのは、意見を合わせるのではなく、雰囲気を合わせるということ。

多くの人は「意見」を合わせようとして、失敗してしまいます。

相手が「お饅頭が好き」と言ったら、好きでなくても「私も好き！」と言う。

相手が「このぬいぐるみ、かわいいよね」と言ったら（え？　かわいくない）って思っていても「あ～、うん、そうだね～」と返す。

でも、「意見を合わせること」より「雰囲気を合わせること」のほうが、印象がいい。だから、今までずっと意見を合わせていたなら、それはもったいない気の使い方ですね。

相手と違った意見は言っても大丈夫なのです。大事なのは、あくまでも雰囲気！

では、多くの人が好む雰囲気ってなんだと思いますか？

それは、「笑顔」！　笑顔には人を許す力があるからです。

言いにくいことでも、笑って話せば、そんなに気まずくはなりにくい。

口角を上げると、体内でも幸せホルモンが分泌されると言われているので、自分も心地よくなって、気分が上がります。

怒ったときこそ、口角を上げる。

困ったときこそ、口角を上げる。

緊張したときこそ、口角を上げる。

ただ、ニコニコしまくっていると伝わらないこともあるので、「これ、真顔で言わないとわかってもらえないよね」という場面は、笑顔でなくても大丈夫です。

でも、それは本当に言いたいことを伝えるときの切り札。

ネガティブなことを相手に伝えるときには、ちゃんと伝わるように、普段は笑顔を意識しましょう。

Point

会話の内容よりも、
雰囲気作りが最優先！
言いたいことを
きちんと伝えたいなら、
言いにくいことも、笑顔で伝えよう。

16

こんな口ぐせ、ありませんか？

「仕事で新しいプロジェクトを任されたけど、俺にはなかなか難しくて、できるかどうか自信ないよ。ほんと無理。なんで俺なんかに任せるんだろう」

「お疲れ〜。えー！　新しいプロジェクト任されたなんて、すごい！　しっかりやらなきゃいけないんじゃない？　仕事なんだから、ちゃんとやらないとダメだしね」

同じ内容でも、こんな会話だったら、どうでしょうか？

「めっちゃ働いた！　新しいプロジェクトを任されちゃってさ、俺にはなかなか難しくて、できるかどうか自信ないんだよね。どうしたら、できるようになるかな〜」

「頑張ったね。新しいプロジェクトを任されたんだね、すごいね！　自信ないかもしれないけど、しっかりやりたいよね！　一生懸命、頑張ってみて、それでも無理だったら仕方ないよ」

この二人の会話。どちらがいい関係に見えますか？

Chapter2で、「ネガティブ用語はテンションを下げてしまうので、伝わりにくい」とお話ししました。

ここでは、どんな言葉をポジティブに変換していけばいいかをお話ししていきます。

まず、意外と盲点なのが、挨拶でついつい言ってしまう「お疲れさま」という言葉。

会話は雰囲気が大事なので「お疲れ！」という感じで軽く言うならいいけど、LINEでの挨拶が「お疲れ〜」のラリーだと、実は、ねぎらっている言葉なのに、次第になぜか疲れてくる。

言霊ってありますよね。文字にすると「お疲れ〜」は暗いので、LINEだったら「こんにちは！」とか、ひらがなで「おつかれさま！」のほうが明るく伝わる。

そして2つ目に、「○○じゃないとダメ」「○○じゃなきゃいやだ」という言い方も、相手の行動を禁止する用語なので、圧迫した印象になりがち！

禁止ではなく、許可に変換しましょう。

つまり、「○○でも、いいよ」。「やらないとダメだよね」ではなく「やってもダメなら、いいよね」に変換です！　**ダメって言われると行動したくなくなるけど、「いいよね」と言われると、自分で動ける気になりませんか？**

3つ目は、私たちが一番、日常で使ってしまっている「○○しなければならない」「○○しなきゃ」「○○すべき」というmustやshould。

これも実はネガティブワードで、強制になってしまう、自分を縛って責める用語です。だから、**「○○したほうがいいよね（will）」**や**「○○したい（want）」**に変換していったほうが気分が前向きになります。

冒頭の例だと「しっかりやらなきゃいけないんじゃない？」より「しっかりやりたいよね！」のほうが、ポジティブに聞こえますよね。

「相手には使っていないけど、自分に使っている」という人もいるけど、自分に使っている人は、無意識のうちに相手にも使っているので、要注意！

4つ目は「なんで？」。Ｃｈａｐｔｅｒ2では、「否定語と組み合わせると命令形のような印象になる」とお話ししましたが、実は「なんで？」も同じ。

「なんで俺なんかに任せるんだろう」って、何も解決しない後ろ向きの言葉です。

もちろん、原因を探って解決することもある。

でも、「どうしたら？」に変換すると、未来思考になりますね。

「未来に、どうすればいいか」を考えたほうが前向きな言葉♪

ネガティブな発言って、未来が見えない。相手にとっては、受け入れ難いもの。

だから伝わらないし、理解されにくいんです！

いざ話し合いをするというとき、相手を縛る言葉や、後ろ向きの言葉ばかりだと、責め合いになってしまって、自分の気持ちや感情が伝わりにくくなる。

だから、日常から口ぐせはポジティブに変換していきたいもの。

５つ目は、「すみません」「ごめんなさい」。

「これもネガティブワードなの？」と思うかもしれませんが、ずっと謝っていると気分が下がりませんか？

相手に気をつかうときには便利な言葉だけど、使いすぎに注意！

謝ってほしいわけでもないのに「すみません……」と言われても気分が下がる。

相手のためにデートするお店の予約をしたとき、「ごめんね～、任せちゃって」と言われるより「予約してくれてありがとう！」と言われたほうが、気分がいい。

なるべく「ありがとう」に変換するように意識すると、日常が変わりますよ！


さて、こんなネガティブワード、よく使っているという人も多いと思います。

でも、それでいいんです。私も、いまだに使ってしまいます。

口ぐせなんて無意識に言っているものなので、どうしても出てしまうんですよね。

では、使う頻度を少しでも減らすには、どうしたらいいでしょう？

大事なのは、言ってしまった自分にダメ出ししないこと。

例えば、「〇〇すべき」「〇〇しなきゃ」と発言したとき、「あ、また言っちゃった」と自分を責めるのではなく、気づいたら言い直すようにする。

「仕事しないとダメだよね……あ、仕事したほうがいいよね」という感じに。

気づいたら、言い直すだけ！　これを繰り返していくうちに口ぐせは変わります。

言う前に気づくのは難しいけど、言ったあとなら気づきやすいですよね。

Point

ポジティブ用語の
割合を増やしましょう。
過去思考から未来思考へ。
ネガティブは残ってもいい！
言い直しで、口ぐせを変えていこう。

17

「愛メッセージ」のレパートリーを増やそう

「ごめん！　今日、急な飲み会が入っちゃって、帰るのが22時くらいになりそう」

「どうして連絡くれないの？　夕飯作っちゃったよ」

「なかなか電話する時間がなくてさ」

「LINEくらい、する暇ないの？　今後は一言でもいいからLINEください！」

「LINEもする暇、なかったんだよ……」


女性側がこんなふうに言っていたら、どうでしょうか？


「ごめん！　今日、急な飲み会が入っちゃって、帰るのが22時くらいになりそう」

「そうなんだ。もう夕飯、作っちゃった。もう少し早く連絡くれると嬉しいな」

「なかなか電話する時間がなくてさ」

「そっか〜。夕飯が残っちゃうの悲しいから、今後はLINEだけでも入れてくれると助かるよ」

「LINEもする暇、なかったけど、今後は意識するね。ごめんね。明日食べるね」

右の会話例、後者のほうが柔らかい印象ですよね。前者だと、相手が反発します。後者のように言われると、相手は反発せずに、受け入れてくれるようになります。

この違いは「ＹＯＵメッセージ」と「Ｉメッセージ」にあります。

「ＹＯＵメッセージ」というのは、相手を主語にして会話をすることです。

「（あなたは）どうして、連絡くれないの？」

「（あなたは）なんで、ＬＩＮＥしてくれないの？」

「（あなたは）一言でもいいから、連絡ください！」

相手を主語にした場合、相手の行動を制限するので、息苦しい印象になります。

例え納得できるものだとしても、なんだかイライラしてしまう。

前に書いた「なんで？」も「（あなたは）なんで、してくれないの？」という、ＹＯＵメッセージ。**一方「Ｉメッセージ」とは、自分を主語にして会話をすること。**

「（私は）もう少し、早く連絡くれると嬉しいな」

「（私は）夕飯が残っちゃうの、悲しいな」

「（私は）あなたが、ＬＩＮＥだけでも入れてくれると助かるよ」

相手に何も強制していませんよね。

実際には強制したい気持ちがあっても「Iメッセージ」だと、自分の気持ちを、ただ伝えているだけなので、相手はすんなり受け入れることができます。

まず自分の気持ちをオープンにすることで、相手も素直に受け入れられるんですね。

ケンカがヒートアップするときも、お互いにYOUメッセージになりがち。

ですが、**「あなたはさ〜」を「Iメッセージ」にするだけで、ケンカは収まります。**

例えば、

「あなたって、いつも人の話、聞いてないじゃない？　何回言えばわかるの？」

「お前だって、いつも俺が何かに集中しているときに声かけるから、わかんねえよ」

これを、Iメッセージにすると、

「私には、あなたは人の話を聞いていないように感じるの。私、何回も同じこと言うのは疲れちゃうんだよね」

「ごめんね。俺は、何かに集中してるときって、聞き逃しちゃうんだ。そういうことが多いのかもしれないね。今度は、別のタイミングで言ってもらえると嬉しいよ」

こんな会話だと、ケンカにならずに、お互いに穏便にすませることができますね。

褒め言葉も、ＹＯＵメッセージより、Ｉメッセージのほうが響きます。

「（あなたは）イケメンですね！（あなたは）素敵ですね！」

より、

「（私は）○○さんってイケメンだと思う。（私は）素敵に感じるから、照れちゃう」

このほうが、自分の気持ちを乗せることができるので、相手は心地いいんです。

自分にコンプレックスを持っている人だと、前者は「別に、イケメンじゃないし」となるけど、後者の場合、イケメンであることを押し付けているんじゃなくて、自分が勝手に思っていることを伝えているだけなので、コンプレックスにも触れにくい。

「Ｉメッセージ」は、つまり、愛を込める「愛メッセージ」。

「相手」を軸に話すのではなく、まずは「自分」の気持ちを伝えましょう。

さて、「○○してほしい」よりは「○○してくれると嬉しい」を使ったほうがいいとはよく言われていますが、それればかりだと、レパートリーがなくなることもあります。

「私は、助かる」「私は、安心できる」「私は、喜んじゃう」「私は、気持ちがいい」「私は、びっくりしちゃった」「私は、幸せ」「私は、悲しい」「私は、残念」「私は、気分がよくなる」「私は、こう思う」「私は、こう感じる」「私は、ドキドキする」

男性は女性の笑顔が見たいから、使いすぎないほうがいいのは「悲しい」と「残念」。これを連発すると「悲しませてばかりだから、俺と一緒にいないほうがいい」と自信を失う男性もいるので、できるだけ使わず、雰囲気でカバーしましょう。

レパートリーが少ないというのは、それだけ普段、「自分」で語れていないという証拠。普段から、主語を自分にして話しましょう。

それは、自分の気持ちをあらわす、つまり「本音を言う」ということなのです。

YOUメッセージは、本音ではありません。本音を隠すために、相手に何かを押し付けようとしているだけ。相手に命令するのではなく、本当に自分が何を望んでいるかを素直に伝えましょう！　普段から、愛メッセージを心掛けていきたいですね♪

Point

YOUメッセージではなく、
愛メッセージで伝えよう。
思いが伝わらないとき、
自分を主語に言い換えてみて。

18

「普通○○だから」「みんな○○してる」は危険

「仕事の後輩に休日出勤をお願いしたんだけど、『遊びに行くから厳しいです』って断ってきたの。ありえないでしょ。普通は、そんなこと言っちゃダメだよね～」

「……そうか～、そうだね。

(としか言えないな)」


女性側がこんな言い方をしていたら、どうでしょうか？


「仕事の後輩に休日出勤をお願いしたんだけど、『遊びに行くから厳しいです』って断ってきたの。私は、ありえないって思った。○○君は、どう思う？　普通は、そんなこと言っちゃダメだよねって考えちゃってさ」

「そっか～。僕は、遊びに行くのが前から決まっていたんだったら、しょうがないかなって思うよ。仕事のために、自分をそこまで犠牲にする必要もないなと思うし、断っても、いいんじゃないかな」

右の会話例、前者と後者で何が違うかわかりますか？

前者の主語は「仕事の後輩」で、後者は前項でお話しした「主語が私」の言い方をしていますね。前者だと、彼が本音を言いにくい会話になります。

そのほかにも、彼が本音を言えなくなる言葉は、「○○でしょ」「○○だよね」。

これって、共感を求める言葉と同時に、強烈に相手に自分の感覚を押し付ける言葉なんです。そう言われると、相手は「そうだよね」としか答えられなくなる。

「女性は共感を求める生き物」とは、よく言われますよね。

でも、その意見に同意も共感もできない場合は、相手が苦しんでしまう……。


だいたい、男と女なんて違う生き物。

同じ感覚もあるけど、違う感覚であることもたくさんあるはず。

それを「○○でしょ」「○○だよね」と押し付けてしまうと、相手はつらいもの。

では、どうすればいいかというと、**押し付けるのではなく、自分の意見を言うこと。**

「私はこう思う。あなたはどう思う？」と、自分と相手をしっかり区別してください。

同様に「○○だと思いませんか？」「○○じゃないですか？」も、同意を求めすぎてしまう言葉です。**これを言うと、無意識的に相手は心を閉ざしてしまうんです。**

・「割り勘されると、テンションが落ちませんか？」
↓「割り勘されると私はテンションが下がるんだけど、あなたはどう思う？」
・「だいたい、みんな、強制されるとムカつくじゃないですか？」
↓「強制されると私はムカつくんだけど、あなたはどう感じる？」

こんなふうに、「私は○○だと思う」と、しっかり区別して話しましょう。

同様に「普通は○○だから」とか「みんな○○してる」も、注意したい言葉です。「普通」って人によって基準が違うし、とても曖昧なもの。「普通」という言葉を使うことで、それ以外を排除するニュアンスを含んでいるからです。

さて、いろいろなNGワードを出してきましたが、自分のなかで「NGワードを使わない！」と100％禁止しすぎないようにしましょう。

ちょっとは使っても大丈夫。70％くらいでいいんです！

Point

「私は、そう思う」と
自分の気持ちを
表現するだけでいい。
相手のことを表現するのは
相手だから。

19

「指摘」する前に「確認」が大事

「今日も女子会なの？　女ってさ、つるむの好きだよね～」

「別に、そういうわけじゃないけど。女とか男とか関係ないんじゃない？」

「そうなんだ～？　そんなふうに見えるんだね！　でも、男とか女とか関係ないんじゃないかな～」


また、あるとき。


「こんなタワーマンション、住んでみたいよね！」

「えー!?　私は思わないけど。エレベーターが大変だって聞くし」

「へ～、そう思うんだね。でも、私は普通のマンションでいいかな～！」

前回、「共感を求めすぎると押し付けることになるので、自分の気持ちを伝えるだけにしておきましょう」とお話ししました。

でも、冒頭の会話例のように、相手から共感を求められるケースもありますね。「共感できない」「自分とは違った意見だった」という場合、どう本音を言ったらいいでしょうか？

大事なのは、**最初に相手を否定しないこと。**

相手が言ったことに対して「違う！」「えー？」「何言ってんの？」「でもさ〜」と、**否定から入ると、相手は心を閉ざします。**

最初に発する言葉のインパクトは大きいんです。

まずは、受け入れること。

「そうなんだ〜」「君は、そう思うんだね」「うん、気持ちわかるよ」と、相手の言動を、**いったん受け入れて共感する。**

冒頭の会話例だと、二段目の「へ〜、そう思うんだね」という部分になります。

そして、相手に共感して、その気持ちを受け入れてから、自分の意見を言います。

「へ～、そうなんだね（受け入れる）。でも、私は○○だと思う（主張）」

こうすると、言いにくいことも相手にすんなり伝わります。

彼に対して、「えっ、そうなの？」「それは違うよ」「その考え方ってどうなんだろう」と負の感情が出てきたときは、すぐには言わず、いったん飲み込みましょう。

そして、「君の気持ちもわかるよ。でも、私は違う意見なんだよ」と、まず受け入れてから意見を返すと、相手も違う意見を受け入れやすくなるんです。

言いにくいことや、相手と別のことを言いたくなったら、まずは共感するコミュニケーション術を身につけましょう。

共感してほしいなら、まずは自分から！

それでも共感できないという人や、上辺だけで話を合わせるのは抵抗があるという人もいるかもしれませんね。

そんな人は【指摘する前に質問】をしてください。

相手を頭ごなしに否定する前に、彼の【理由】を聞くのです。

例えば、婚活アプリで出会って付き合った彼が、こんなことを言ったとします。

「ごめん。俺、実は結婚願望があんまりないんだよね。親から言われたり、職場の社長から言われたりするから、結婚したいって言っているだけなんだ」

（えー？　婚活アプリで出会ったのに。私、もう40歳になるし、早く結婚したいから困るんだけど！）と思った場合、受け入れてから投げ返すと、

「そうなんだ〜。あまり結婚願望がないんだね。打ち明けてくれてありがとう。でも、私は子供もほしいし、結婚はあんまり遅くならないほうがいいなぁ」

こんな感じで、自分の意見を伝えてもいいのですが、**言葉を真に受けないで、「本当にそうなのかな？」と「質問」して「確認」してほしいのです。**

例えば、

「そうなんだ〜。あんまり、結婚願望がないんだね。でも、老後までずっと結婚しないの？」

と質問してみてください。

「指摘する前に質問」ですね。

そうすることで、

「いや、いずれはしたいとは思っているんだけど、今すぐってわけじゃなくて、1年くらいは付き合ってみてから決めたいんだ」

という返事があるかもしれません。

それならば、「今すぐじゃないけど、結婚願望はあるんだ！」と確かめられますね。

自分が理解できるまで、「本当にそうなの？」「それは、どういう理由なの？」と質問していくと、相手のことが理解できるし、負の感情を抑えることができます。

質問責めにはならないように、雰囲気でカバーすること！

早とちりして、「えっ、何を言ってるの？」と思う前に、本当かどうかを質問して、確認して、相手を理解したいもの。

そうすれば、受け入れてから、「それでも私はこう思う」という意見を言えるようになると思います。

コミュニケーションで大事なのは、確認です!!

Point

相手を否定せず、
まずは受け入れてから投げ返す。
そのためには、
不可解なことは質問をして、
確認をして「理解」していこう。

20

言いにくいこともすんなり言えてしまうコツ

ごめん、今日会えなくなった。一昨日から体調崩して、仕事が進んでないんだ

22:03

この男性の言葉に、どう答えますか？

えー、だったら、もっと早く言ってよ。もう１か月以上も会ってないし、すごく楽しみにしてたのに……。

22:08

そっか、仕事だったら仕方がないね！　身体に気をつけてね。栄養あるものを食べて、しっかり睡眠取ってね。

22:08

オッケー！　わかった。でも、すごく残念。もう１ヶ月以上も会ってないから、楽しみにしてたんだ。あと、いきなりだとショックが大きいから、今度は直前じゃなくて、早めに言ってくれると嬉しいな。お仕事頑張ってね！

22:08

この3つの返事、どこが違うかわかりますか？

は、自分視点で話しすぎて、男性が窮屈になってしまう。つまり、自分の意見を言いすぎ。

は、いい子になりすぎて、自分の気持ちを言えていません。これを続けると、自分の気持ちが相手に伝わらないので、彼は「それでいいんだ」と、平気でドタキャンをするダメンズになってしまいます。つまり、自分の意見を言わなさすぎ。

は、自分の気持ちを上手に伝えることができています。

多くの女性はのようなことをしがちです。そして、ケンカになって、今度は、その失敗を繰り返さないように、自分を抑えてのようになります。

でも、次第に感情が溜まって、どこかで爆発してしまう……。

だから、自分の気持ちは小出しにしていったほうがいいのです。

だいたい、誰だってポジティブなことは、いくらでも話すことができます。

言いにくいことというのは、ネガティブなこと。

そのネガティブなことを言うコツは、**ポジティブサンドイッチ**にあります。

つまり、

「ポジティブなことで話を始めて、言いにくいこと（ネガティブなこと）を真ん中にして、話の最後もまたポジティブで終わらせる」というもの。

前にお話ししたように、最初に話す言葉のインパクトは大きいので、最初に発する言葉は、ポジティブな内容がベスト。例えば、「お誘いを断る」というケースでも、

「明日、ごはん行こうよ！」

「ちょっと予定確認するね！　あー、ダメだった。ごめん！」

「オッケー！　ちょっと予定確認するね。あー、ダメだった。ごめん！」

同じ断るにしても、まず「オッケー！」って言ったほうが、相手に「受け入れる」という姿勢が伝わりますよね。

「オッケー！」「わかった～」「そうなんだね」「なるほど～」などと、まずはＹＥＳと言ってしまう。これは、言いにくいことを伝えてしまうひとつのテクニック。

私も、夜の世界でお客さんのお誘いがあったとき、次のように断っていました。

「ね～、今度、どこかにデート行こうよ！」

「いいですよ〜。でも、もっと仲良くなってからね！」

「愚痴はネガティブなので、言わないほうがいい」という人もいますが、付き合っているのに愚痴くらい言えない関係って、厳しいんじゃないかと思います。

会社の愚痴や友達の愚痴など、言えない本音って、愚痴にあらわれる。

だから私は、愚痴を聞くのが大好きなんですが、いろいろ聞いていて、楽しい愚痴があるのと、聞き苦しい愚痴があるのに気づきました。

楽しい愚痴は、最後の締めにポジティブなことを言う愚痴です。

聞き苦しい愚痴というのは、解決策のない、言いっぱなしの愚痴。

「平日は仕事で21時あたりまで働いててつらいんですよ。残業せずに帰ることもできるんだけど、周りの人が帰らないと帰りづらい雰囲気で……」

これだと、言いっぱなしの愚痴です。それに続けて、

「でも、それだと自分が大変だから、勇気を出して、今度は帰ろうかなって思う！」

と付け足せると、聞いているほうもテンションが落ちません！

このほかにも、笑顔で軽く愚痴を言ったり、「愚痴、言っちゃっていい？」とはじめに断ったり、言い終わったら「聞いてくれて、ありがとう〜！」と最後にお礼を言うなど、上手な言い方はたくさんある。そうすると相手も気分よく聞けます♪

最初と最後が肝心！　もちろん、最初だけでも最後だけでも、かまいません。

言いにくいことだったら、最初と最後の両方でカバーすることがオススメ。

例えば、彼の髪型がちょっと変だなと気になるときは、こんなふうに伝える。

「私ね、○○君のこと、すごく素敵だと思ってるんだけど、ひとつだけ気になることがあって。ごめんね、実は髪型が気になってるの。美容室で切ってもらうと、もっとかっこよくなると思うんだ。もったいないかなって思うの！」

煙草をやめてほしいときも、

「○○さん、煙草が生きがいになってるの、よく理解してるつもり。でも私、やっぱり、目の前で吸われるときつくって。健康のためにもやめてもらえると嬉しいんだけど、ダメかな？　そしたら、結婚も前向きに考えられると思う！」

こんなふうに、**ポジティブサンドイッチ**をしてみてください。

Point

言いにくいことを言うときは、
ポジティブサンドイッチ！
突っ込み上手になって、
自分の意見を伝えよう。

21

「枕詞」でフォローアップすること！

「今日、〇〇ちゃんのためにレストラン予約しといたよ。中華でいいよね！」

「（えー、今日は中華料理はちょっと胃が重いな）ごめんね、予約してもらって悪いんだけど、今日は脂っこいものが体調的に厳しそう……」

また、あるとき。

「最近デビューした、このアイドル、めっちゃかわいい！」

「へ〜、そうなんだ。でも、正直言っちゃっていい？私的にはちょっと、微妙。でも、〇〇君が、こういう子が好きだってわかったのは、よかった！」

もし、ポジティブな言葉が浮かばない場合は、次のような言葉を使ってみましょう。

「言いにくいんだけど」

「正直言っちゃっていい？」

「もしかして、傷つくかもしれないけど……！」

「ごめん、聞いていい？」

このあとに、言いたいことを言えば大丈夫。特に「ごめんね」は使えます。

気まずくなるようなことなら、最初に謝ってしまえばいい！

例えば、電車に乗っていて、隣の人のカバンが当たって痛いとき、「痛いです」ではなく、「すみません、カバンが当たっていて、痛いんです……」と言っていませんか？

最初に謝るだけで、なんだかその後の言葉を発しやすくなる。「すみません」「ごめんなさい」は、「あなたのことを気にしていますよ」というサイン。

ネガティブなことを言っても、相手を思って言っていると伝われば、相手はそんなに傷つきません。会話を始める「前置き」、つまり枕詞が大事！

それでも、「あれ？　機嫌が悪くなっちゃったかな？」というときはある。

そうならないためにも、本当に言いにくいことを伝えるときには、フォローしながら伝えましょう。会話の途中に、「気にしすぎかもしれないけど」や「私の勘違いかもしれないんだけど」を入れるとベターです。

例えば、

「私、ちょっとにおいが気になっちゃって。気にしすぎかもしれないけど……」

「私の勘違いかもしれないんだけど、あんまり連絡がもらえないと、私のことが好きじゃないのかな〜って感じちゃうの。こんなこと、聞いてごめんね」

枕詞とフォロー用語を使っても、相手が傷ついてしまうことはあります。

そんなときは、最終的には「ごめんなさい」でいいのです。

正直、謝っても許してもらえない関係は続きません。「ごめんなさい」が通じない人っていませんか？　そういう人とは長くやっていくのも大変。

相手を傷つけないように、失敗を恐れてコミュニケーションしていくのではなく、失敗してもリカバリーできる関係でいたいですよね。

Point

言いにくいことを言うときは、
フォローしながら伝える。
それでも
機嫌が悪くなってしまったら、
素直に「ごめんなさい」でＯＫ。

Column 3

カップルの絆は、「ごめんなさい」で強くなる

人生に失敗はつきもので、人は失敗を繰り返して成長していくものです。そうすれば、失敗なんてないに等しい！

これは、カップルも同じ。一緒にいれば、勘違いすることや、ケンカすること、ミスすることは、たくさんあるんです。

そういうときに大事なのが、「ごめんなさい」という言葉。

「昨日は、言いすぎちゃって、ごめんね」と言われれば、こちらも「ごめんなさい」と言って、円満に仲直りができます。**いろいろぶつかったからこそ、相手のことを知ることができて、理解して……。**

こういうひとつひとつの経験が、二人の絆を育てていく。

でも、まれに、これが通じない人がいる。「ごめんなさい」と言ったら、慰謝料を払えと言わんばかりに、いろいろ追及してくる人。自分だけが正しいと思って、人を許せない人です。

こういう人とは、残念ながら絆を育てることはできません。

こちらが我慢して相手の正義に従う形になってしまうから……。

縁があっても、待っているものは熟年離婚かもしれません。

では、どうやって相手を見抜けばいいでしょうか？

それには実際に、**本音で向き合って、問題解決を試みるのが一番**です。私の会員さんで、彼の髪型がどうしても受け入れられなくて、キスを拒んでしまった女性がいます。彼はそのことで、ものすごく傷つき、二人の関係は悪くなりました。

「傷つけちゃってごめんね」「ちゃんと話し合いたいな」と謝る彼女に、彼は「勝手な意見だね」「どっちが悪いの？」「そういうところがダメなんだよ」とダメ出しを浴びせます。彼女は、その態度にびっくりして、お別れを決意してしまいました。

でも、それまでは将来を見据えたラブリーなお付き合いをしていたんです。こういうのって、なかなかわからないもの。人って、何か起きたときに本性が出ます。だからね、**相手が「仲直りできる人」なのか知りたいなら、何かが起きることを怖がらない**。

言いたいことを言わずに、薄っぺらい付き合いをしていると、相手がどんな人かわからないのです。

話し合いに必要なのは「許し」ですよ。相手が自分を、そして自分も相手を許せるかどうか、向き合っていくことが大事です！

Message

言いにくいことでも、
上手に伝える言い方がある。
彼に対する本音や希望を、たくさん伝えれば、
願いを叶えてもらえる幸せな女のできあがり♪

Chapter 4

本音をちゃんと伝えるには、コツがある

——言えないのは、自分に自信がないから

Rule 1

上手なおねだりでワガママしちゃう方法

恋愛指南書には、男性の都合にダイレクトに答えるような、「女性からは告白するな」「ワガママを言わないほうがいい」「結婚を口に出すのは重い女」などの禁止事項がたくさんありますが、私はそんな縛りは必要ないと思っています。

だって、男性は甘えてくれる女性が好きなんだもの。「彼女たちのヒーローになりたい！　女性の願いを叶えたい！　そして褒められたい！」と思っています。

私は、ホステス時代の初期は、好意を受け取れない女でした。

「おごってもらって悪いなあ。なんか見返りを求められるんじゃないかなあ」って。

でも、男性が本当に求めているのって、自分が女性に何かをしてあげているという優越感なので、「ありがとう～」とニッコリ微笑むだけで、彼らへのご褒美になる。

それがわかってから、ちゃんと甘えられるようになりました。

男性からすると、しっかりした女性は「俺がいなくても平気」だと思うものですが、甘えてくる女性は「俺がいなきゃこの子はダメだ！」と守ってあげたくなる。

だから、もっとしたたかに、甘えるのを演じてみてもいいのではないでしょうか？ そうすれば、男性はとても素直に、あなたの願いを聞き入れてくれます。

さて、今までのノウハウを、おねだりに生かすなら、次の４つがポイントです。

その1／上手なしぐさで雰囲気を作る。

「会話は雰囲気が大事！」といったように、笑顔で伝えるのは鉄板ですが、上目づかいで甘える」「『お願い〜』と手を合わせる」などがあります。ほかにも、ボディタッチは鉄板！　とはいっても、肩を叩いたり、腕に触れたりするだけでいい。

女性は男性に触られると、あんまり嬉しくないけど、男性は女性に触れられるのは嬉しいという人が多い。ホステスの世界でも、ボディタッチをしている人がモテていました。ちょっと触るだけでお願いを聞いてくれるなら、触ったほうがお得です！

キャラ的に難しい人は無理する必要はないけど、できる人はやってみましょう。

その2／魔法の言葉でフォロー&後押しする。


さて、おねだりにも効果的な枕詞と、効果的なフォロー用語があります。

「お願いしちゃっていいかな？」

「ちょっと、図々しいかな？」

「ワガママしちゃっていい？」

「ねぇねぇ、一生の願い！」

こんな言葉から話し始めると、お願いしやすくなる。そして、

「ダメかな？」

「無理なお願いしてるかな？」

と言われたら、断れないのが男性心理。ちょっとかわいい魔法の言葉なんです♪


その3／上手に種まきをして、逃げ道も作る。「断られてもOK」にしておく。

おさらいですが「○○してくれると喜んじゃう！」「○○してくれると嬉しい！」

などと、主語を自分にして伝えると、たくさん、おねだりができちゃいます。

でも直接、「〇〇してほしい」とは言わないのはポイントです。

これは、愛メッセージではあるけど、言いすぎると窮屈になってしまう言葉。

「〇〇してほしい」を直接、言わずに伝えるって、どういうことかというと、

「このピアス、かわいいよね」

「会えないの、寂しいな」

「前からずっと〇〇をやってみたくて」

自分を主語にして、やりたいこと、行きたいところをたくさんつぶやくのです。

すると、ピアスを買ってくれたり、会ってくれたり、行きたいところに連れていってくれたりします。重要なのは、彼が気づいてくれなくても、ふてくされないこと。

彼にだって、できることとできないことがあるので、選択権を与えましょう。

「10個くらい種をまいたら、2個くらい拾ってくれればいい」程度の感覚。

言うだけならタダ!! そんな気持ちでいると、言いたい放題、希望が言えます。

その4／叶えてくれたら、お礼を言う。これでリピート間違いなし！

男性が求めているのは、女性の願いを叶えてあげて、感謝されること。

「ありがと〜〜！（ニコニコ）」が男性へのご褒美！

男性が願いを叶えてくれたら、オーバーリアクションなくらいに、

「わ〜、片づけてくれてたの！　めっちゃ助かる〜！　ありがとう」

「え〜、すごい、これほしかったの。覚えててくれたの？　嬉しい〜！」

すると、次も片づけてくれたり、ほしいものを買ってくれたりします。


ここまで読んで、「男性って単純だな」とか思うかもしれないけど、実はその通り。

男性はそういう生き物だというのが現実です。そして、賢い男性は、そのサガを自分でも認識しているから「上手に俺を転がしてくれる人がいい」とまで言います。

ワガママを聞いてもらって、願いを叶えてもらう！

そうすれば、男性とWin-Winの関係が築けます。

Point

男性は甘えられるのを待ってる！
だから上手におねだりしよう。
言いたいことを言い放題して、
願いを叶えてしまおう♪

Rule 2

ポジティブになろうとしなくてもいい!?

「本音を言う」とは、自己開示するということ。

そもそも自分に自信がないと、自分を出せない。つまり、本音が言えません。**「自信を持つ」ということは「自分を好きになること」「ネガティブな自分も受容すること」、そして良いも悪いも含めた「自然体な自分」を、丸ごと認めることなのです。**

でも、「自信なんて持てない」「自分を好きになれない」「恥ずかしい……」という人もいると思います。でも、このChapter4を実践していけば、大丈夫。

相手に遠慮しすぎないで、自信を持って自分の気持ちを話せたら、恋愛だけじゃなく、人生も素敵に楽しく変わってしまうかも！

自信を持つのに、一番重要なポイントは、**「自己肯定感を高めなくていい」「セルフイメージを上げなくていい」「ポジティブにもならなくていい」ということ。**

もしかしたら、「自己肯定感を高めなきゃ」「セルフイメージを上げなきゃ」「ポジティブにならなきゃ」と思って、毎日、鏡に向かって「私はかわいい」と10回唱えてみたり、好きなものや夢中になるものを一生懸命探してみたり、毎日手帳に自分を褒める言葉を書いたりしている人もいるかもしれませんね。

どれもが効果的ではありますが、「やっても全然変わらない」「好きなものが見つからない」「変化がない自分はダメだ！」と思い込むと、かえってどんどん自信を失っていきます。

「セルフイメージが低い自分」＝「悪い自分」という前提に立っているから、「○○しなきゃ」「○○しなければならない」がマストで、自分を縛り付けて、つらくなる。

大事なのは、スタートです。「セルフイメージが低い自分」を承認するだけで、セルフイメージが上がるのです。だから、自己肯定感は低くてＯＫ。ネガティブな自分でもＯＫ。かわいくない自分でもＯＫ。**まずは、自分を受け入れる「前提」が大事。**

次のようなときも、ネガティブな感情をポジティブに変換しなくてもいいんです。

・「ずっとLINEが未読だから、彼に嫌われたんじゃないかしら」
×→「携帯を落としただけかもしれない！」（本当に、そう思えるなら、そう思うこと）
○→「『未読な状態って嫌われている』と私は思い込んでいるんだなあ」
・「私ってブスだと思う」
×→「私は、かわいいと思う」（本当にそう思えるなら、そう思うこと）
○→「私は私のこと、ブスだと思い込んでるんだなあ」
・「やっぱり、本音を言うなんて無理ですよ」
×→「頑張って本音を言おう！」（頑張れなくても言えそうなら、そう言うこと）
○→「私って、本音を言うのが苦手なんだなあ」

ただただ「そうなんだ〜」と、感じて流すだけ。**感じた瞬間の気持ちを否定しないでほしいのです。**ネガティブな感情を抱いた自分を受容するのが大事！

本音を言いたいのに言えなくても、少しでも言えるようになっていけばいいんじゃない？　まずは、そんな自分を受け入れることから！

Point

セルフイメージは上げなくていい。
ポジティブにもならなくていい。
まずは、そんな自分を
認めることからスタート！

Rule 3

好きなことを我慢していませんか？

さて、自信をつけたいなら、好きなことをやることをオススメしています。

好き嫌いって「本当の自分」が出やすいんですよね。

好きなことがあると、自分自身のことも好きになれます。

あなたが好きなものは、なんですか？

「旅行が好き！」「猫が好き！」「レトロなものを集めるのが好き！」「ゲームや漫画が好き！」「お風呂が好き！」「ファッションが好き！」「細かい作業が好き！」「ガソリンスタンドのにおいが好き！」「太っている人のおなかに触るのが好き！」

なんだか知らないけど、ワクワクする、心が動く。

そんなものが、誰しもあると思います。

どんな変わったものでもいいので、自分の心が動くものを大事にしてください。

自信がない人の多くは、好きなものを「我慢」しています。

ほかにやらなきゃいけないことがあるから、好きなものは我慢する。

こんなことが好きだって言ったら、人から変わっているって思われるから言えない。

それって「本当の自分」を押し殺している作業なのです。

例えば、ゲームとか漫画が好きだけど、オタクだと思われるから人には言えない。

誰にも言わずにやるのならまだしも、やること自体もやめてしまう。

猫が好きだけど、飼ってしまうと、それで満足してパートナーがほしくなくなりそうだから、飼わないで我慢して婚活する。

旅行に行きたいけど、仕事を進めなきゃいけないから我慢して行かない。

こんなふうに、社会の常識とか「しなければならないこと」に囚われすぎて、自分の好きなものを封じ込めるのは、自分を否定する行為なのです。

自分のことを承認できていないので、自信がつきません。

もちろん、他人と生きていれば我慢はつきものですが、我慢しなくてもいい場面でも、自分を押し殺していませんか？

自分に自信がある人は、好きなことをやっています。

誰に何と言われても、「私は、ガソリンスタンドのにおいが好きだし、太っている人のおなかが好きだし、なんだかよくわからないけど、私は、これが好きなんだ！」という自分を承認できているのです。

ゲームや漫画が好きだということを公表して、生き生きしている。

猫だって飼いたいなら飼って、毎日癒されて過ごす。

仕事がキャパオーバーだったら、しっかり有給を取って旅行に行く。もしくは、趣味の時間くらいは取れる仕事に転職するのも、アリです。

じゃないと、なんのために生きているのか、わからなくなってしまうから。

外側から自分を押さえつけるよりも、内側から湧き出る自分の力に目を向けよう！

やりたいこと、好きなこと……心が動くものを大事にしてください。

そうすれば、自信がみなぎってくるようになると思います♪

Point

「好きなもの」「やりたいこと」を
大事にすれば自信になる！
自分の「好き」を承認して
我慢しないことが大事。

Rule 4

自分に問いかけるだけで、答えは降りてくる

「自分に自信を持つために好きなことをやろう！　やりたいことをやろう！」とお伝えしましたが、「そもそも、好きなものがわからない」と思っていませんか？

そんなときは、好きなものがない自分にも、好きなことが少ない自分にも、「それでいい」と**OKを出しましょう。**

好きなものが少ないのは、ただ気がついてなかったからです。

探しても探しても見つからない場合は、「好きなものがない自分」がフォーカスされて、余計に見つからなくなるので、頑張って探さなくても全然かまいません。

今は、「好きなものに気づいてないんだなあ」と思って、**「私の好きなものってなんだろう?」と自分に問いかけるだけでいいんです。**

実はこれ、脳の「空白の法則」を利用した心理学的な手法。

脳は、質問をすると空白ができると言われています。

そして、その空白を埋めようとして、24時間、無意識に働いてくれるんです！

「好きなものはなんだろう？」と問いかけると、脳は自動的に好きなものを探します。

でも「あー。ムカつく！　なんで、こんなにイライラするんだろう？」と問いかけてしまうと、イライラの原因の「嫌いなもの」を探してしまうので、注意が必要。


この「空白の法則」で、いつも自分にポジティブな問いかけをしてみましょう！

もし、嫌いなものばかり見つかっても大丈夫。

好きと嫌いは表裏一体。嫌いなものの裏側に、「好き」があります。

例えば、「太っていたり、清潔感のない人って嫌い」と思うなら、「スマートで清潔感がある人が好き！」ということ。

「自分のことを否定されるのって、すごくいや」と思うなら、「承認されるのが好き」だということ。

「連絡がないとつらい」なら、「連絡がほしい」ということ。

こんなところから、「好きなもの探し」もできるんですね！

なので、嫌いなものは「好きなものを教えてくれてありがとう」と言って、手放しましょう。

感謝せずに避けてばかりいると、かえって手放せなくなり、脳に嫌いなものが染みついて、嫌いなもの探しをしてしまい、それらが、さらにまとわりつきます。

「脳は思ったことを現実化する」とは、このこと。

例えば、「下ネタは嫌い」「汚い言葉づかいは嫌い」と強く思っていたとします。するると、脳は否定語を感知しないので、下品な話をする人や、汚い言葉を吐く人ばかりを見つけて、周りに引き寄せてしまうんです！

なので、**「本当は何を求めているんだろう？」と自分に問いかけたり、嫌いなものの反対を考えたりして、好きなものを見つける。**

「好き」ベースで動くと、自動的に好きなもの探しをするので、好きなものに視点が行き、好きなものが寄ってくる。好きな人も寄ってきます！

必死に探すのではなく、好きなものに気づくということを繰り返してみてください。

Point

好きなもの探しは
必死にしなくていい。
「好きなものがない」自分も認めて、
「好きなものってなんだっけ？」と
問いかけると、自然に見つかる。

Rule 5

頑張りすぎに要注意！

自信をつけたいなら「頑張らないこと」をオススメします。

でも、頑張っている人って素敵だし、輝いていて、自信満々な人が多いですよね。

一見、素晴らしいことではありますが、こんな盲点があります。

それは、「頑張って成し遂げた！」という成功体験がたくさんあるがゆえに、【頑張らない自分】を否定してしまっているということ。

自分の中で、「良い子」と「悪い子」が戦っていて葛藤していることも多いんです。

・良い子（＝目標達成している自分・頑張る自分・人を責めない自分・強い自分）
・悪い子（＝頑張らない自分・ダラダラした自分・人を責める自分・弱い自分）

外側の自分を作って、内側の自分を奮起させて、頑張らせようとしているわけです。自分で自分をコントロールして「外側からの強制」をする。

つまり、「〇〇しなきゃならない」「〇〇すべき」というmustやshouldで動く。

これだと、実は、本当の自信はつきません！

いつまで経っても、自分を責めて、追い立てて、自分を否定するからです。

でも、外側の自分は、とても自信満々なので、自分が傷つきやすいことも弱いことも、「本当は自己肯定感が低い」ということにも、気がつきにくいのです。

まずは、外側の自分に隠れている、弱い自分にも気づくこと。

頑張ったり、厳しかったり、責めたり、否定してしまったり、人をジャッジしがちな人は、多かれ少なかれ、このような傾向にあります。

これは、頭のいい人は、頭で考えて心を否定するので、特に陥りやすい罠。

mustでは心が動きません。外側の自分がいると、本音を伝えにくくなります。

mustではなく、「〇〇したい」のwantや「〇〇したほうがいい」のwillで動こう。

そして、「ネガティブな自分でもいいんだ」「人を責めちゃってもしょうがないよね」「頑張らなくてもいいんだ」と自分を認めてみてください。

もちろん「頑張ってる自分」も、好きなままでかまいません。

頑張っている人は、我慢しすぎて、心の底に「好き」を押しこみがち。

なので「好きなもの」も見つけにくくなってしまいます。

だから、まず、好きなものに「癒し」を求めることが多い。

例えば、「お風呂やマッサージ、ダラダラすることが好き」など。

でも、その場合は「本当に好きなもの」ではなく、我慢の反動ということもある。

癒されたあと、本当に求めているものが出てくるので、まず自分を癒してください。

本当に自信がある人は、受け入れられる器があるから人を裁かないし、否定しません。

本当に自信がある人は、相手に多くは求めません。自分が全部持っているし、なくても大丈夫だから。

本当に自信がある人は変わることを恐れません。変わらない自分を持っているから。

本当の自信をつけたいなら、自己否定を全部なくして、自分の心の奥から出てくるものを、丸ごと受け入れてみてください！

Point

本当の自信をつけるには、
自然体の自分を
受け入れること。
頑張ってもいいけど、
頑張りすぎないで。

Rule 6

他人の意見は、あくまで参考程度

いろいろな恋愛本を手にしたり、さまざまな恋愛アドバイザーのブログを読んだり、セミナーに行ったり、コンサルしてもらったりしている人、多いと思います。

その向学心旺盛なところは、本当に素晴らしい！

でも、学んでも学んでも、結果に結び付かない人は多いのが事実……。

その大きな理由は、「実践」していないからです。

でも、実践しても結果に結び付かないという人もいますね。

ここで考えてほしいのは、「他人の言葉を取り入れたとき、どういうプロセスで実践したか？」ということです。

Ｃｈａｐｔｅｒ２で、次のようなことをお話ししたのを覚えていますか？

自信がない人は、そのままうのみにして行動して、振り回される。

自信がある人は、うのみにするのではなく「選択」して行動して、試行錯誤する。

うのみにして行動するか、一度、自分の中で嚙み砕いてから行動するかの違いです。

自分より他人のことを信じていると、自信なんてつきません。

他人、つまり「他力」に頼りすぎると、うまくいかなくても他人のせいになって、他人を責めてしまいます。それは、自分の思考で生きていないということなんです。

では、他人のノウハウを実行するとき、「自力」で行動するには、どうすればいいでしょうか？

まずは、他人の言葉をうのみにしないことです。

他人の言葉を聞いて、半分は信じて半分は疑うこと!!

例えば、恋愛ノウハウで「男はゆるふわ系の女子が好き！　ピンク系の服装で女性らしさを出せばモテる！」という内容があったとします。

自分がゆるふわ系が好きで、ピンクが好きなら、そのまま実行してもかまいません。

でも、他力で生きている人って、ピンク系の服装が苦手でも実行してしまいます。

「恋愛の先生が言うから」「友達が言うから」「男性がこう言っていたから」

これだと、他力です。自力で生きている人の場合は、この恋愛ノウハウを聞いても、

「男って、確かにゆるふわ系が好きな人が多いけど、みんながみんな、そうかな？」

「ピンクを着れば、間口は広がるだろうけど、果たして私に似合うかな？」

「そっか〜、よくわからないけど、そういうものなら試しにやってみようかな」

半分は受け入れて、半分は疑います。他人の言葉は「参考程度」にします。

ポイントは、半分は、ちゃんと信じること。

そうでないと、本を読んでいる意味も、学んでいる意味もないから。

半分は疑うことで、自分の中で思考を巡らせ、**試行錯誤して自分で決める。**

だから、この結果、「ピンクは似合わないから実行しない」でもいいし、「似合うかわからないから、試しに実行してみるかな〜」でもかまわない。

自分で「選んで」実行することが大事。そして、その決断を褒めてください。

「人に言われたからやる」という動機は、自分の自信を下げてしまいます。

自分で選択して、納得して行動することが、自分の自信を作るんです！

Point

他人のノウハウを学んだら
自分で考えて「選択」して、
自分の決断で実行することが大事。
だから他人のせいにしないこと。

Column 4

恋愛大航海時代には、大きな罠がある

今の時代って実は、情報が過多で出会いが多い。

だから自信を失いやすい世の中なのです……!!

私は、これを「恋愛大航海時代」と呼んでいます。

「出会いがない」と言われていたのは昔のこと。

今は、婚活アプリをはじめ、婚活パーティも至るところでやっているし、出会いが多すぎて溺れてしまう。

いろんな人に会いすぎて、迷って、疲れて、選べない。いろんな人に相談できるけど、誰の意見に従えばいいのか迷ってしまう。

だから、この**恋愛大航海時代を乗り切るには、船（＝自信）が必要なのです！　つまり、自分の軸です。**

誰かに従うのではなく、意見を自分で整理して「選択する」ことが、超重要！

それがないと、あなたという船は沈んでしまいます。

当たり前だけど、一人の人としか付き合わないから、それ以外の人は振ったり、振られたりしているうちに、自信を失うことがある。出会いが多いのはメリットだけど、リスクがあるんです。

そして、恋愛大航海時代にはびこる海賊もいる。

次々と男性を紹介して、女性を溺れさせちゃう婚活業者。

そして、婚活アプリなどに潜む、既婚者たちも海賊。

それに、もしかしたら、あなた自身も海賊になっているかもしれません。

恋愛というと他人に何かをほしがります。例えば、「私には自信がないから自信のある人がいい」「寂しいから、ずっと一緒にいてくれる人がいい」なんて、相手に求めるものが多すぎる。

みんながそういう傾向にあるのですが、奪うだけではなく、**「与える」ことができると、海賊ではなくて「貿易」ができます。**

このような時代なので、自信がないのは自分だけのせいじゃない。環境のせいもあるということです。

こういう時代だと認識して、自分だけのせいにせずに、自分を守る方法を身につけていきたいですね！

「本当に求めているもの（希望）」を大事にしてください。

それが、羅針盤になります。

Message

「自信」は生きる源です。
好きなものを大事にして、
やりたいことをやって、
自分の内側から来るものを受容しよう。
すると、相手のことも大事にできて、
奪い合いではない「貿易」ができるはず！

Chapter 5

本音を出し合うほうが、二人は長続きする

——良いことも悪いことも、すべてシェアできる関係になる

22

どちらが正しいか悪いか なんてどうでもいい

考え方が違ったら、付き合っていけない？


「私にもお会計で、少しだけでも払わせてくれる？」

「いや〜、いいよ。ここは男だから俺が払うよ」

「でも、それだとなんだか悪いし、男だから女だからとかじゃなくて対等に付き合っていきたいんだけどな」

「そうか。その気持ちはありがとう。でも、ここは俺に払わせて。割り勘ってかっこ悪いしさ。次のお茶代を払ってくれると嬉しいんだけど、どうかな？」

「私とは考え方が違うのね、残念。それじゃあ付き合っていけないね」

「えっ、考え方が違っていても、話し合って歩み寄る感じじゃダメなのかな？　提案しているだけなんだけど……。俺、間違ったこと言ってる？」

「え？　何？　私が悪いわけ？」

付き合っていれば、意見の食い違いは、たくさん出てきます。

同じ人間なんて誰一人いないので、最初は、「こんなに合う人、もういない！」とまで思った相手でも、だんだん意見の相違や価値観の違いに気づいてくるもの。

離婚理由の4割を占めるのが「価値観の違い」だそうです。これって、譲れない価値観を折り合わせることができなくなって、別れてしまうということ。


カップルに大事なのは「問題解決能力」!!


つまり、二人の間で、何か問題が起きたときに、それを解決できる能力です。

この能力が二人にあったら、お別れせずに続きます。とてもシンプルなんですね。

では、問題解決能力を磨くには？　次の3つが重要です。

その1／違った意見や、違った価値観を否定しない。

多くの人は、相手に「同じ価値観」を求め、違った考え方、価値観を否定します。

でも、私は「同じ価値観を求めている人は結婚しにくい」と伝えています。

もちろん、同じ価値観の人と「そうだね」「わかる～！」「私も！」と、共感しあうような会話をしていたら、楽しいですよね。

でも、そんなに同じ人たちってていないと思いませんか？

自分の価値観や考え方は、たくさんある中のひとつにすぎません。

違った意見もあって当たり前。

「どうして、そういう考え方になるの？」ということを話し合って、相手の背景を理解してほしいのです。理解できなかったら、**理解する必要はありません。**

理解しようと試みることが、相手の違った価値観を否定しないことになるから。

理解できなくても、受け入れ合っていればいい。

冒頭の女性も、考え方の違いは「違い」として受け入れて話し合っていけばいいのに、違うということだけで相手を避けていては、問題解決能力が備わらないのです。

その2／どちらが正しいという価値判断は捨てる。

意見が合わないとき、どちらが正しいとか間違っているとか、良いとか悪いという視点で話し合わないことです。なぜなら、どちらかが悪者になってしまうから……。

どちらかが「ごめんなさい」を言う解決方法は、お互いにとってあまりよくない。**二人が幸せになるためには「どちらも悪くない」という視点に立つことが大事なんです。**だから、相手のせいには絶対にしないでください。

以前に、「私がこんなに落ち込んでいるのは、彼のせいですよ。彼が気持ちをわかってくれないから」と言う女性がいたので、私は彼女に対して「もしかして、あなたの言い方に原因があって、彼に気持ちが伝わってないかもしれないね」と言ったんです。すると「それって、私が悪いってことですか!?」と泣いてしまいました。

彼女には、どちらかの「せい」にする思考があるのですね。

この場合、どちらも悪くないんですよ。

でも「人を責める」「誰かを悪者にする」というくせがある人は、それが見えない。人とうまくいかない人は、たいてい、何かのせいにして、そこから逃げています。

冒頭の彼も、「良いか悪いか」という視点に立っているだけで、無意識に「彼女を正そう」としているので、彼女は責められているように思い、話し合いになりません。

その3／問題解決はネクストステージで！

本音を言い合って、言い方を考えて伝えても、うまく伝わらないときもあります。

そんなときに、やってしまいがちなのは、「なんで、言ったとおりにできなかったの？」と過去ばかり追求してしまうこと。

そうではなく、「どうしたら？」と未来を見ることが大事なんです。

何か問題が起きたら、「次はこうしようね」という視点を必ず入れましょう。

「どうしてお皿の片付けをしてくれないの？」とばかり言うのではなく、「今度から、早く帰ってきたときは、お皿を片付けてね」と言う、みたいな感じです。

「今度」で、未来のルールを二人で作っていく。できるだけ具体的に行動に起こせるルールが理想的です。もしできなかったら、また、できるようなルールに変えていく。

うまくいっている人は、考え方や価値観が違っていても、良いか悪いかで判断しません。相手の理由や背景を聞いて「理解」しようと試みるから、自分の認識も広まって、許容も広くなるんです。

Point

重要なのは、問題解決能力。
違った意見・価値観を理解して、
どんな思考ができるか。
良いか悪いかはどうでもいい！

23

「○○かもしれない」って考えてみよう

このようなことを言うと、男性は困ってしまいます。

「私のこと気にかけてくれているなら、すぐにLINEの返事をするはずだよね。返事がないって、私のこと好きじゃないって感じる」

「そういうわけじゃないんだけど……、すぐに返事ができないときもあるんだよ」

「私のこと、愛してくれているなら、不安にさせるようなことをしないと思うの」

「愛しているけど……。会えないというだけで、君がそんなに不安になるっていうのがわからなかっただけでさ……」

なんでも言えばいいとわかっていても、冒頭の会話例のようなネガティブなこと、とてもじゃないけど言えない……という人もいるかもしれません。

こんなネガティブな発想を断ち切るために、まずは「〇〇だから〇〇」「〇〇なら〇〇」という思考の前後を、分解してみてください。

・私のことを愛している→不安にさせることをするはずがない。
・私のことを気にかけてくれている→すぐLINEの返事をするはずだ。

この「↓」の選択肢って、必ずしもひとつではないのです。

いくら愛していても不安にさせてしまうことはあるものだし、気にかけていても、すぐにLINEの返事をできないこともあるから。

ネガティブに考えてしまう人は、この**「選択肢」が圧倒的に少ない！**

必ずしもそれだけじゃないのに、自分の中でルールを作ってしまっているんです。

この選択肢を増やすために、「〇〇かもしれない」という視点を取り入れること。

愛していても、私が不安になるということは知らないだけ**かもしれない。**

愛していても、不安にさせてしまうことはある**かもしれない。**

気づかっていても、LINEの返事ができない状況にある**かもしれない。**

こんなふうに、白黒はっきりさせずに、グレーでいると、可能性が広がります。

「○○だから○○だよね」「○○なら○○のはず」という発想がある人は、その発想自体を疑ってみてください。**「本当にそうなのかな?」と、腕組みをしながら、自分に問いかけるんです。**腕組みは、疑いのジェスチャーなので、考え直すときに効果的です。


ネガティブな発想が湧き出てきたら、逆のことも同時に考えてみるといいですね!!

「彼は私のこと、嫌いなんだと思う」という気持ちが出てきたら、「彼は私のこと、嫌いじゃないかもしれないな」ということも同時に考えるといいと思います。

決めつけないで選択肢を広げて思考することができたら、冒頭の会話も、

「なんだか、会えないと不安になっちゃって。私のこと愛してくれてる?」

「もちろん、愛してるよ。会えないと不安になるんだね。今度から不安にさせないように、もっと会えるようにするね」

という展開にできるかもしれません♪

Point

「○○かもしれないな」と
可能性のある発想をしよう。
この習慣があれば、
ネガティブスパイラルから
抜け出せる。

24

怒りの奥に、どんな気持ちがありますか？

「許せない」の裏にある感情はなんですか？

「ねぇねぇ、そろそろ来月のデートの日、決めよう！」

「ん〜、ちょっと予定がどうなるかわからない」

「そんなこと言って、先月も１回しか会えなかったじゃん。私だって予定がいろいろあるから、日程を決めないと困る。なんで、わからないの？」

「しょうがないだろ、俺だってイベントの日程が決まらないと予定がわかんないんだよ。先月は、ごめんな。もっと会えるようにはするからさ」

「それって、私よりイベントのほうを優先するってこと？　『ごめんな』って口先だけで、全然、謝ってない。開き直ってるのが許せない」

「はぁ？　そんなこと、言ってないだろ。こっちだって、無理なものは無理なんだよ」

怒りは二次感情だという話を聞いたことがありますか？

一次感情とは、自分が本当に感じている感情で、二次感情とは一次感情を感じたことによって、あとから発生する感情です。

言ってしまえば「偽物の感情」が怒り。

例えば、「不安」「苦しい」「痛い」「疲れた」「寂しい」「虚しい」「悲しい」「悔しい」「恥ずかしい」といったものが一次感情。

こういったネガティブな感情が、溜まりに溜まったときに沸いて出るのが「怒り」。

もっと言ってしまうと、そういったネガティブな感情と向き合うのが本当につらくて仕方がないから、怒りで隠してしまう。

つまり、「怒り」は自己防衛。本当は、とってもかわいそうな状態なんです。

自分の中の「何か」を守ろうとしているんですね。

そして、ネガティブな感情は多くの場合、【ほしいものが手に入らない】ことから出てきてしまう。だから、ネガティブな感情を見ていくと、**自分の「ほしいもの＝希望」**が見えてきます。

冒頭の会話例だと、怒っている女性の一次感情は「寂しい」「悲しい」。

本当は、もっと会いたい。だから、デートの日程を決めたかった（希望）。

でも、そうしてくれないのが、とても悲しい。そんな悲しい自分と向き合うのが怖くて、怒りを彼にぶつけてしまいます。

一次感情で会話をしていたら、素直な気持ちをただ伝えることになるので、彼に受け入れてもらえたと思います。

「そうなんだぁ。先月も、そういう感じで1回しか会えなかったから、寂しいんだ。もっと会いたい。私にも予定あるから、私の日程を確保してくれないかなぁ？」

こんなふうに言うことができたら、彼も、「本当にごめんね。イベントが外せなくてさ。土日以外なら会えるかもしれない。予定を見てみるね」と言うかもしれない。

怒りをぶつけられたら、彼も怒りで返してしまう。

そのときの彼の一次感情は「わかってもらえなくてつらい」あるいは「悲しい」。

本当はイベントも大事だと、わかってほしかった（希望）。

これに対して彼女は、会えなくて寂しい気持ちをわかってほしかった（希望）。

でも、寂しい気持ちではなく、怒っている気持ちをぶつけてしまったので、わかってもらえるわけもないんですよね。

わかってほしいのならば、二次感情ではなくて一次感情で伝えること。

普段から、怒りやイライラの裏側にある、**自分のネガティブな感情**や**「本当にほしいもの」**に、しっかり目を向けて、そこを表現できるようになりたいものです。

イライラしたときに「一次感情は何だろう？」「本当にほしいものは、何だろう？」と自分の心に尋ねてみてください。

その気持ちに気づけば、同じことでは怒らないようになっていきます。

このように、**本当の自分の気持ちに気づけるので、イライラはチャンス！**

怒りは本当の気持ちじゃないんです。だから、伝わらない。

怒っている人を見て、「この人、素直じゃないな」って思うことはありませんか？

怒りは偽物だから、相手はそう感じる。本音を隠してしまう感情なんです。

怒りの原因はいつも自分の中にしかありません。

「えーっ！　こんなことされたら誰だって怒りますよ！」という出来事も、多くの人は怒ったとしても、怒らない人もいるからです。

「相手を責める」ということも、怒りから生じる場合が多いですよね。

本当は自分に原因があるのに、相手のせいにして逃げているのです。

そのくらい、向き合うのにつらい一次感情があるだけ。そこと向き合ってほしい。

怒るのではなく、責めるのでもなく、**本当の感情と希望を伝えるだけ。**

「こういうこと、してくれないと別れる！」（本当は別れる気がないくせに）

「私のことを愛しているなら、今からすぐに会いに来て！　じゃないと別れる」（本当は別れる気がないくせに）

こんなふうに言わずに、「会いたい」とだけ言えばいいんです！

「別れる」という条件を盾にして相手に要求している人は、男女ともに多いものです。

それでは、いい関係を築けません。

最高の関係を築きたいなら、「別れる」選択肢を捨てて軽々しく口にしないこと。

「別れないという決断」がパートナーシップの土台です♪

Point

怒りの裏側にある本当の感情、
つまり本当の希望に気づくこと。
この「一次感情」を、
きちんと表現していくことが大事！

25

アッパーパンチじゃなく
ジャブを打て！

「そろそろ結婚したいな〜」

「俺、まだ学生だし。そもそも、結婚願望ないなあ」

「今度、うちの親に会いに来る？」

「まだ就職して間もないからなぁ」

「同棲したい〜、一緒に住みたい〜」

「まだ、そんな気分じゃない！」


そして、数年後。


「そろそろ、同棲する？」

「え!?　いいの？」


その後、同棲して４ヶ月で、二人はめでたく入籍しました！

実はこれ、私のお話しなんです。私は、20歳のころから結婚願望があったので、付き合う人ができるたび、すぐ結婚したいと思っていました。

でも、今の旦那には、もともと結婚願望がありません。悩みましたが、希望を言い続けることで叶ったのです。「ダメ」なことも「いいよ」になることはある！

コツは、**希望を「ジャブのように」言い続けること！**

これを「なんでしてくれないの？」と問い詰めたら、ジャブじゃなくてアッパーパンチになって、彼はつぶれてしまいます！「断ってもOK」なんです。

例えば、「もっとマメに連絡してほしいな」と彼に伝えたとき、「俺は連絡が苦手だから」と言ったら、それは彼の希望なので、いったんは尊重しましょう。

そこで「そうなんだ〜。何か理由はあるの？」と聞いて納得できれば理解できる。納得できないときに「なんで連絡してくれないの？」と問い詰めてしまうと、アッパーパンチになって、彼は連絡したくなくなってしまう。

そうではなく、「そっかー、私は、スタンプでもいいから、こまめにLINEもらえると、安心するタイプなんだ」と言い続けるだけでいいんです。

そして、彼がちゃんと連絡してくれたら、

「わぁ〜、やっぱり、こういうふうに連絡もらえると安心する。ありがとう！」

と必要以上に喜べば、連絡が苦手だった彼も返信するようになります。

彼をいやな気分にさせずに上手にジャブを打つには、さらっと希望を言い続けること。

よほどいやじゃなければ、そのうち叶えてくれます。


強制しないで、「映画に行きたい」「富士山、一緒に登りたい」「タイ料理、食べたい」ということも、言っていればいいんです。だって、言うだけなら何も問題ありません。

「言い続けたら、しつこくないですか？」と言う人もいるけど、男性は女性より海馬（記憶をつかさどる脳の一部）が小さいので、忘れやすいから大丈夫。

だから、何度も言ってあげる必要があります！　もし、気になるなら「しつこく言いすぎ？」と聞いてみればいいでしょう。そこで頻度を調整します。

こうやってお互いに希望を言い合って、折り合わせていくのがパートナーシップ。

希望を言い続けていれば、いつか叶うこともあるのです。

Point

相手も自分も譲らないときは、上手にジャブを打とう。頻度を考えて「強制しない雰囲気」にしていくのがコツです。

26

ゲーム感覚で、気持ちをシェアする

今日、ちょっと帰りが遅くなるよ 17:20

了解、わかった〜 17:23

今、どんな気持ち？ 17:25

ちょっと寂しいかも 17:27

また、あるとき。

明日の同窓会で、昔好きだった人が来るんだ 21:22

そうなんだ、楽しんでくるといいよ 21:25

今、どんな気持ち？ 21:40

そうだね、ちょっと嫉妬したかも 21:50

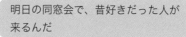

本音を言い合う関係になるには、まず、「本音を言い合いたい」という気持ちを、彼にきちんと話しておくことが大事です。

「○○君が何を考えているのか知りたいから、教えて！」という感じに。

そして、オススメなのが**「今、どんな気持ち？」ゲーム**。ことあるごとに「今、どんな気持ち？」と聞くことで、気持ちを自然に言う習慣が作れるんです！

私も、（これを言ったら、どんな反応するかわからないな）というときに、よく旦那に「今、どんな気持ち？」と聞くことがあります。

（傷つくかな〜）と思って言った言葉が「まぁ、嬉しいね」と返ってくる。

（ムカつくかな？）と思ったことが「別に、なんにも感じなかった」と返ってくる。

こんなふうに、予想と違った答えがあって、面白いんです!!

旦那からも、「今、どんな気持ち？」と、よく聞かれるんですが「ムカついた」「ちょっと、しょんぼりした！」「嬉しい」なんて、素直に答えています。

大事なのは、感情を素直に吐き出すこと。言わないと溜まっていくから。

例えば、彼が、街中にいる女の子に目を奪われ「あの子、かわいいね」と言ったとします。この言葉に対して、彼女として傷つく女性もいれば、「ふ〜ん」と流せる女性もいますね。自分が傷ついたら、ちゃんとその感情を出していいのです。

「そうなんだぁ、私、ちょっと嫉妬しちゃった」って。

彼には「そんなこと言わないでほしい」と要求を伝えるより、「そういうことを聞くと私は悲しい」と感情を伝えるほうが重要なんです。

強制よりも、思いを伝えたほうが人は動く。

そして、大事なのは、出てきた感情を深読みしないことです。

例えば、「悲しい」と言われたら、「悲しませるようなことをするなっていうことかな」とか「嬉しい」と言われたら「どうして、そう言うのかな？」というように、深読みしようとするとこじれます。だから、その感情が、ただ出てきただけでいい。

普段から彼と「今、どんな気持ち？」ゲームをして、意味や要求、責めは抜いて、感情をただ表現する習慣を身につけると、いいパートナーシップが築けると思います。

Point

相手の気持ちに、意味をつけないで、
ただ、その感情を受け止めて流す。
それだけで、二人の未来が
ずっと明るいものになる！

Column 5

ＳＥＸって、
実は最難関のコミュニケーション

恋愛相談でも、性の相談は少なくありません。

ＳＥＸでのコミュニケーションの難易度って、恋愛、仕事、友達に比べるとめちゃくちゃ高い。

なぜなら、言いにくいこと、伝えにくいことが多いから‼

ＳＥＸで一番大事なことは「気持ちいいこと」。

お互いに気持ちよくなることが最優先。

でも、何をすれば気持ちいいかは人それぞれで、実は自分自身も、よく知りません。

なので、どんなふうにすれば気持ちいいのかは、二人で聞きながら知っていく必要があるんですね。

だから「正しいＳＥＸの仕方」なんていうものはありません。

だけど、よくある間違いは、元カレ・元カノとのＳＥＸの形を持ち込んでしまうこと。

そして、それを押し付けて「この人とは合わない」って言ってしまうことなんです。

相性なんて、自分たちでコミュニケーションを取りながら作っていくもの。１回目はそんなに気持ちよくなくても、だんだん回数を重ねていくうちによくなることって、往々にしてある。

それを最初から、違和感があるというだけで「なんか違った」と決めるのは、「自分は誰かと関係を作っていける人ではありません」と宣言しているようなものなんです！

では、新しい関係を作っていくにはどうするか？

相手を決めつけずに、真っ白いキャンバスに作っていくイメージを持つことです。「こうするのが普通でしょ」とか「最初にキスすべき」だとか、今までの経験で、決めつけている人は、新しい関係を作れません。

まずは、先入観や過去の思い込みを全部捨てて、まっさらになって、相手と向き合うことが大事。

だから実は、意外と未経験者のほうがＳＥＸはうまくいく。

今までの形や、やり方は、全部捨てて、相手が何をほしがっているのか、どんなふうにしたら気持ちいいのか、そもそも自分は何をしてほしいのか、ということを、伝え合って受け止め合っていけたら、いい関係が作れますよ♪　これ全部恋愛も同じ！

Message

大事なのは、
自分のほしいもの、心地いいものを知ること。
そして伝えること。
それだけで、恋愛も、友達も、
仕事もうまくいくようになる。

もう、「伝わらない」ことで傷つくのはやめよう――おわりに

ここまで読んでいただき、本当にありがとうございました。

思えば、ホステスも含めた私の人生、本音を言い続けた人生だったと思います。

言葉って、本当に難しいですね。誤解されたり、伝わらなかったり、自分自身が気持ちを言語化できなかったり……。

いやなことを言われたりもするし、相手とぶつかることもある。

伝えようとして、かえって傷ついてしまうような経験もたくさんしました。

それでも、信頼関係を築きたいなら、思いを伝え、本音を聞くことが大事。

「どうやったら相手に伝わるかな？」

「相手の本音を聞いて、本当の気持ちを知りたい」

そんなことを考え続けて、人と向き合って乗り越えてきたことは、価値のある経験だったし、だからこそ上辺じゃない人間の裏側と繋がることができたんだと思います。

この本には、相手に本音で向き合うときに、傷つかないための知恵をたくさん詰め込みました。

私が紹介した、たくさんの「本音の伝え方」、ぜひ実践してみてください。

腹を割って話せるような、心を通い合わせたパートナーって、一人いるだけで人生バラ色になりますね。

でも、恋人の一人だけじゃなく、自分が壁を作らずに、自然体で、無理せず、素直でいられる関係を、二人、三人と、もっと広げていけたら……。

世の中の大半の悩みは、解消できてしまうんじゃないかと思います♪

みなさんも、なんでも本音で話せる素敵な関係を、もっと広げてくださいね。

この本が、少しでも、みなさんのお役に立てることができれば嬉しいです。

そして、実はもっともっと伝えたかったことがあります。

この本ではページの関係で泣く泣く掲載できなかったとっておきの原稿を、読者のみなさまに「幻の原稿」として、無料でプレゼントいたします。

左下のＱＲコードからアクセスして、ぜひ受け取ってくださいね♪


最後に、私の本音と希望とワガママに向き合ってくださり、一緒に本作りをしてくださった、葛原令子さまに心より感謝します。

並びに応援してくださっているビジネスパートナーのみなさま、クライアントのみなさま、そして、これを手に取って読んでくださったすべての方々へ。

愛と感謝を込めて♪

恋婚活コンサルタント　嶋　かおり

彼《かれ》に、思《おも》っていることを言《い》えないでどうするの？

“素のまま”で 100％最高の関係になるルール

2020年11月30日　初版発行

著　者……嶋《しま》かおり
発行者……大和謙二
発行所……株式会社大和出版
東京都文京区音羽1-26-11　〒112-0013
電話　営業部03-5978-8121／編集部03-5978-8131
http://www.daiwashuppan.com
印刷所／製本所……日経印刷株式会社
装幀者……菊池 祐

ISBN978-4-8047-0589-7